KB121059

지구를 위한 변론

지구를 위한 변론

1판 1쇄 발행 2021. 9. 13.
1판 3쇄 발행 2022. 12. 10.

지은이 강금실

발행인 고세규
편집 박민수 디자인 박주희 마케팅 고은미 홍보 이한솔
발행처 김영사
등록 1979년 5월 17일(제406-2003-036호)
주소 경기도 파주시 문발로 197(문발동) 우편번호 10881
전화 마케팅부 031)955-3100, 편집부 031)955-3200 | 팩스 031)955-3111

값은 뒤표지에 있습니다. ISBN 978-89-349-4422-5 03300

홈페이지 www.gimmyoung.com   블로그 blog.naver.com/gybook
인스타그램 instagram.com/gimmyoung   이메일 bestbook@gimmyoung.com

좋은 독자가 좋은 책을 만듭니다.
김영사는 독자 여러분의 의견에 항상 귀 기울이고 있습니다.

지구를 위한 변론

: 미래 세대와 자연의 권리를 위하여

강금실 지음

김영사

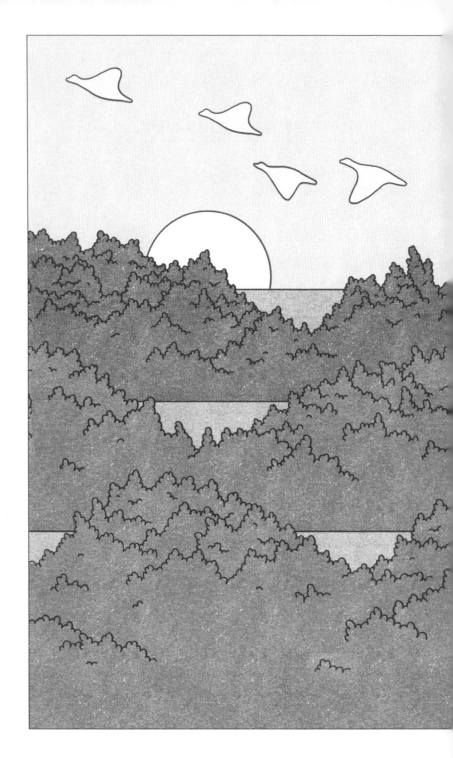

For future generations

추천의 말

남들은 나를 과학자라고 부른다. 과학자인 나는 정치인을 믿지 않는다. 그 어떤 '선한 의지'도 결국은 권력을 지향하는 과정에서 수단으로 전락해버리기 때문이다. 나는 2014년 봄 강금실 대표를 처음 만났다. 그가 시작한 '생명문화포럼'에서 생명과 과학에 대해 강의해줄 연사로 나를 초대했기 때문이다. 정치인으로 알고 만났기에 나는 그에 대해 마음속에 단단한 경계를 품었다. 강의 후 그는 나에게 같이 '공부'를 하자고 제안했다. 이렇게 시작한 우리의 공부는 '생태대 연구회'가 되었고, 나는 이 책에서 강 대표가 언급한 여러 책을 같이 읽고 생각하는 행운을 누렸다. 함께 공부하며 나는 핵심과 맥락을 짚어내는 그의 통찰력에 늘 감탄했고, 그가 정치인이 아니라 삶의 의미에 대해 간절한 꿈을 꾸는 선각자이자 '드리머'임을 깊이 알게 되었다. 이 책은 어떻게 강금실 대표가 그 간절한 꿈을 체화할 수 있었는지 보여주는 지적 여정이자 우리가 함께 나아가야 하는 미래로 여러분을 안내하는 초대장이다. 그가 이 책으로 우리 모두를 간절히 부르고 있다. 존재의 의미를 성찰하는 새로운 존재로 거듭나자고, 모든 생명체의 평화를 추구해 지구의 미래를 구해내자고 간곡히 제안한다.

송기원 연세대학교 생화학과 교수

'기후위기'라는 말이 일상으로 들어온 지 꽤 되었다. 이 말은 단지 기후가 이상해졌다는 뜻이 아니다. 산업문명의 종말이 예고된 가운데 인류는 이전과는 완전히 다르게 생각하고 행동할 것을 요구받고 있다. 그 정점에 세상의 모든 관계를 규율하는 '법'이 있다. '법'은 지금까지 인간이 세계의 주인이며 그 외의 존재는 단지 그 대상일 뿐이라고 규정해왔다. 이 생각은 이제 폐기되어야 한다. 그렇지 않으면 지구 생태계는 더 이상 지속될 수 없다. 새로운 생각은 인간과 자연을 동등한 주체로 선언한다. 인간은 그들의 권리를 지킬 책임을 가진 존재라는 생각, 이것이 '지구법학'의 핵심 개념이다. 인간에게 환경을 이용할 절대권력을 쥐어준 '근대법'도 이제 인간에게 자연의 권리를 지킬 책임을 부과하는 '지구법학'으로 대체되어야 한다. 이 책은 법률가인 저자가 오랜 시간의 궁리 끝에 '조화와 존중의 지구 공동체'라는 개념에 닿기까지의 여정을 압축적으로 담아냈다. 독자 여러분도 함께 해주시기를 바란다.

정연순 법무법인 경 대표변호사 · 전 민주사회를위한변호사모임 회장

하나뿐인 우리 행성의 미래에 값진 공헌을 한 책. 우주의 진화라는 맥락에서 재정립된 인간과 지구의 관계를 종합적으로 이해하는 데 도움을 준다. 법률가와 행정가로서 폭넓은 경험을 쌓은 한국의 최고 변호사인 강금실보다 이 주제에 정통한 저자는 없다. '지구법학'에 대한 그의 통찰은 지구 공동체의 번영을 위해 긴급히 요청되며, 국제적으로 큰 역할을 할 것이다.

메리 에블린 터커 예일 대학교 산림환경대학원·신학대학원 교수

학문적인 연구와 탐색의 노력이 가득한 이 책이 낸 길을 끝까지 따라가다 보면, 우리가 깊이 관심을 가지고 고민해야 할 지구와 인간의 관계에 대해 그간 너무도 무심했음이 부끄러워지며 마음의 눈이 밝아지는 느낌이다. 진정한 생태적 회심의 길로 독자를 초대하는 저자의 다양하고 구체적인 제안에 공감하게 되는 것, 인류 공동체를 향한 생명 지킴이가 되고 싶은 선한 갈망을 가지게 되는 것은 이 책이 주는 소중한 선물이다. 죽비를 맞은 듯 정신이 번쩍 들고 더 늦지 않게 나름의 '생명운동'을 시작하라고 재촉한다. '지구헌장' '지구법학' 등 새로운 용어와 이론도 공부하게 만드는 이 책을 통해 '생명학교'의 학생이 되는 기쁨! 교만하고 독선적인 이기심과 우월감을 버리고 겸손하고

협동적인 실천가가 되라는 큰 숙제를 새롭게 안겨주는 고마운 책을 더 많은 이들과 공유하고 싶다.

이해인 수녀·시인

강금실은 늘 꿈꾸는 사람이다. 법조인으로 그리고 정치인의 길을 걷게 되면서도 그는 적법절차의 원칙을 따르는 법치주의, 인간에 대한 사랑을 잃지 않는 정치권력의 꿈을 포기하지 않았고, 그 실현을 위해 헌신했다. 공직과 정치를 떠난 이후 그의 꿈은 더 광활하고 깊어졌다. 미래 세대를 위한 그 꿈을 위해 지난 10여 년간 그는 문명사와 생태학을 공부했고, 그 공부는 우주론과 영성에 이르기까지 넓어지고 깊어졌다. 이 책은 그의 사유의 변화와 실천에 대한 진솔한 '고백'이자, 근대문명과 생태위기에 대한 근본적인 성찰과 미래를 위한 제언을 기록한 내밀한 '공부 노트'다. 지구의 미래에 대한 절박한 위기 경보가 울리고 있는 지금, 이 책은 우리 모두를 위한 '공부 노트'이고, 동참해야 할 꿈의 여정이다.

이창동 영화감독·전 문화관광부 장관

저자의 말

2012년 10월《생명의 정치》를 펴낸 후 10년 만에 다시 책을 내자니 감회가 깊다.

《생명의 정치》에서 산업문명의 대안을 모색하는 새로운 생명 중심의 생태학적 관점을 소개했다면,《지구를 위한 변론》에서는 보다 구체적인 역사와 시대 상황을 담았다. 2015년 파리기후변화협약 이후 5년의 정부 보고서 제출기한이 지난 지금, 우리나라는 이제 막 탄소중립법(기후대응법)을 제정했고, 기업은 ESG경영으로 급변하면서 세계적인 추세를 따르고 있다. 이 책은 이러한 거대한 문명 전환의 원인과 배경, 전망에 관한 이야기를 담고 있다.

1부에서는 기후위기를 포함해 전 지구적인 생태위기의 실태를 짚어보고, 그 원인을 경제와 가치(세계관)의 두 측면에서 정리했다. 2부에서는 석유경제 시대가 본격화한 20세기에 접어들어 확인되기 시작한 산업문명의 부작용에 대한 국제사회의 논의와 갈등의 역사, 이를 극복하기 위한 깊은 생태학의 출현과 UN 중심의 성과들을 정리했다. 3부와 4부는 21세기에 새로이 대안으로 제기되는 생태대生態代, Ecozoic Era 문명의 세계관과 법, 정치 시스템 이론을 소개했다. 5부에서는 이제 면모를 드러내기 시작한 거대한 전환을 이끌어가야 할 우리의 과제와 미래 세대의 움직임을 짚어보았다.

나는 우리 사회의 공적 영역에서 여성 최초 법무부 장관이라는 이력이 있다. 그래서인지 법무부 장관을 한 사람이 어찌해서 환경문제에 관심 가지게 되었느냐는 질문을 많이 받는다. 독자 여러분의 궁금증에 답하기 위해 이 책의 프롤로그에 나의 개인사를 조금 피력했다.

이 책은 '지구와사람'이라는 지식 공동체에서 세계를 이해하고 대안을 찾고자 하는 문제의식으로 공부하고 접해온 내용들이 크게 반영되어 있다. 그 과정에서 조금씩 더듬으며 고민해온 궤적을 담았다. 내용상 미숙하고 오류도 적지 않을 것으로 염려되지만, 주어진 세상을 이해하고자 한 정성을 담은 기록으로 너그러이 읽어주시면 좋겠다. 그리고 독자 여러분에게도 지금 우리가 처한 상황을 이해하고 새로운 세계를 열어가는 데 조금이라도 도움이 되면 좋겠다.

문명의 대안을 모색하는 가치관은 우주론에서 시작된다. '우주 이야기'를 하는 것은, 우리가 진정 준거로 삼아야하는 '삶의 근본 지점이 어디인가' 하는 질문에 답하기 위해서다. 기술이 엄청나게 발전하고 놀라운 물질적 풍요를 누리고 있지만, 대체로 많은 사람이 내면의 행복을 누리지는 못하는 것 같다. '나'라는 한 개인이 잠시도 쉬지 않고 움직이는 우주 안의 존재이며, 생명이 살아 숨 쉬는 아주 특별한 행성 지구에서 태어나 살고 있다. 이런 더 큰 각성 속에서 내게 주어진 겹겹의 삶(개인, 가족, 사회, 세계)을 이해하고 꾸려간다면, 크게 길을 잃지 않고 풍성한 삶을 만들 수 있지 않을까 생각해본다.

삶의 무게를 버거워하고 세상의 속도를 따라가느라 급급해하기 전에 내 안의 갈망을 찾아 길을 나서며 마음의 행복을 찾아가는 길을 함께 만들어가면 좋겠다. 세계를 이해하려는 것은 나를 이해하기 위해서다. 나의 정체성을 찾아가며 펼쳐나가는 삶이야말로 이 세상에서 나를 만들어가는 창조적 삶이다. 그 여정에서 이 책이 조금이라도 도움이 되었으면 좋겠다.

세계는 급변하고 있지만 우리는 아직 기후위기에 대처

하기 위한 국민적 합의를 이루지는 못한 것 같다. 자칫 모든 변화가 부담과 강요로 여겨질 우려가 있다. 크고 작은 많은 단위에서 거대한 전환에 대한 밀도 높은 대화와 토론들이 이루어지면 좋겠다. 이제 전환을 이끌고 가야만 하는 상황에 당면한 정부의 노력과 가장 최전선에서 이 전환의 담당자가 된 기업들의 노고를 이해하고 지원하고 협력하는 우리 모두의 일치된 결심이 필요한 시기다.

2021년 8월
강금실

"I am a dreamer"

존 레논의 〈이매진〉은 2003년 참여정부 초대 법무부 장관으로 임명된 후 근무할 당시 틈틈이 즐겨 듣던 노래다. 요즘은 이 노래를 들으면 노무현 전 대통령이 떠오른다. 그 가사 중에는 다음과 같은 구절이 있다.

You may say I'm a dreamer,
당신은 내가 꿈을 꾸는 드리머라 하겠지요
but I'm not the only one,
하지만 나는 혼자가 아니에요
I hope some day you'll join us,
언젠간 당신도 우리와 함께해
And the world will live as one.
세상이 하나가 되길 소망합니다

당시 나의 법무부 장관 임명은 놀라운 '파격'이었다. 내가 전달받은 입각 제안 취지는 여성을 요직에 진출시키겠다는 것이었다. 1981년 내가 사법연수원에 들어갔을 때 여성은 300명 중 세 명이었다. 2년 후 판사로 임용될 때도 전국 법관 중 여성은 열 명도 안 되었다. 2000년 이후 김대중 정부에서 여성부를 신설하고 여성 할당제를 처음 시행했지만, 여성 장관은 얼마 못 가 낙마했다. 여성의 고위직 진출은 쉽지 않았다.

참여정부는 초기 내각에 네 명의 여성을 임명하면서 성평등을 실현하려고 했다. 그렇다 해도 당시 분위기에서 여성 법무부 장관 임명은 상당한 위험부담을 무릅쓰는 모험이었다. 나 역시 쉽지 않은 결정이었다. 혹여 여성 장관들의 선례와 마찬가지로 나도 낙마해 참여정부에 타격을 입히면 어쩌나 하는 마음의 부담이 컸다. 하지만 이른바 유리천장을 깨는 역할에 대한 소명감이 더 컸다.

법무부 장관직을 수락한 후 취임 전에 노무현 대통령과 면담하는 자리를 가졌다. 그 자리에서 노 대통령은 국토교통부(당시 건설교통부) 장관 인사에 대한 아쉬움을 털어놓았다. 애초 대통령은 그 자리에 전 환경부 장관 출신 인사를 임명하고 싶었는데 파격 인사가 너무 많아 실행하지 못했다는 것이다. 국토개발과 환경을 통합적으로 접근하는 방식을 염두에 둔 인사인데, 요즘에 와서 경제와 환경의 통합을 바탕으로 한 지속가능발전이 회자되는 것을 보면 당시로서는 상당히 앞서가는 인식이었다.

노 대통령은 이후 국무회의 석상에서 다문화사회로의 변화와 이민청의 필요성에 대해 언급하기도 했다. 조선족을 비롯해 아시아 지역의 많은 사람이 한국에 들어오고 국제결혼이 늘면서 불법체류자 단속과 고용허가제 문제, 사회적 차별이 사회적 이슈가 되던 초기였다. 노 대통령의 발언은 현실보다 한발 앞서서 사회의 진보를 내다보는 비전을 보여주었다.

이처럼 노무현 대통령은 보기 드물게 창의적이고 시야가 시원하게 트인 '드리머dreamer'였다. 〈이매진〉의 노랫말처럼. 그와 같이 나도 어느 순간부터 다양성과 화해와 공존 등의 문제에 대해 꿈을 꾸어왔던 것 같다.

권력이란 무엇인가

1983년 판사로 임용된 후로 나는 13년 동안 공직에 있었다. 판사 재직 시절은 1980년 광주에서 제노사이드가 일어난 직후라 국가권력을 악용한 폭력적 통제와 이에 대한 저항이 극에 치달았다. 그 후에 1987년 6월 민주항쟁으로 직선제 개헌이 이뤄지면서 선거제 민주주의가 회복되었지만, 전두환 측이 재집권했고 사회적 갈등은 계속되었다. 2003년 출범한 참여정부는 실질적 민주주의와 국민주권을 온전히 실현해서 국가권력이 변해야 한다는 시대적 요청을 받았다. 국가정보원, 검찰 등의 권력기관 개혁이 1차적 국정과제로 부상했다.

이 시기에 공직자로 일했던 나는 필연적으로 국가권력과 이를 둘러싼 관계의 갈등에 대한 고민을 할 수밖에 없었다.* 전두환 정권에서 판사로 일할 때 사법부가 과거를 반성하고 정의와 인권 실현이라는 기본 가치를 지키는 기관으로서 거듭나야 한다는 주장을 펼치기 위해 단독판사들을 중심으로 서명에 참여했다. 그러나 현실에서는 대법원장 퇴진운동이라는 비난이 있었다. 법무부에서 일할 때도 법치주의와 민주주의의 기본 가치를 지켜야 한다는 당위와 실제 권력관계에서 갈등이 반복되는 경험을 했다. 많은 사람들이 자신의 정치적 이해관계에 따라 권력을 사유화하려고 했고, 그러면서 사람을 놓치고 사랑을 잃어버렸다. 사랑을 바탕으로 하지 않는 권력이 사람을 사람으로 대하지 않고, 남용되며 억압적으로 작동하는 것을 보았다.

이런 개인적인 체험은 도대체 권력이 무엇인가 하는 궁극적인 질문에 이르게 했다. 인간은 왜 이렇게 권력 앞에서 무력한가 하는 고민을 줄곧 하게 되었다. 인간의 행위 중에서 권력투쟁이라는 정치 행위는 진리와 자유를 향한 먼 길 위에서 점차 진전된

* 우리나라의 민주화 과정에서 벌어진 갈등의 핵심에 국가보안법 적용과 개폐 문제가 있었다. 법률가인 나는 분단국가 상황에서 국가안보의 필요성과 법의 과다한 적용 문제, 표현의 자유의 한계 문제 등을 법철학적 관점에서 정리하고픈 생각이 컸다. 그것이 시대에 대한 나의 응답이라고 생각했다. 그래서 1990년대 판사로 재직 중에는 헌법재판소의 국가보안법 관련 판례평석 논문을 발표했고, 변호사로 활동할 때도 두 편의 논문을 더 발표했다.

다고 하더라도, 인류의 종말 시까지 계속될 것이다. 그 과
정에 작게든 크게든 관여되어 있는 사람은 행복을 누리기
어렵다. 권력투쟁이 만들어내는 가상의 욕망과 성취감과
좌절감에 끊임없이 시달릴 것이기 때문이다. 정치권에 있
을 때에도 가치의 당위와 실제 권력관계에서의 갈등은 똑
같이 반복되었다.

"대한민국의 주권은 국민에게 있고, 모든 권력은 국민
으로부터 나온다"는 국민주권론은, 권력은 국가에 속하지
않는다는 '적극적 부재'를 선언하는 것이기도 하다. 헌법
은 대통령의 책무와 의무를 강조하고, 입법권과 사법권 모
두 법에 의해 부여받는 '권한'으로 제도화되어 있다. 이렇
게 국민으로부터 위임받은 국가권력의 행사는 본질적으
로 '법적 한계와 책임'이라는 속성을 지니고 있다. 그래서
막스 베버는 민주적 위임만으로 권력이 정당화될 수 없고,
'합법성에 의한 지배', 즉 법 앞에 모든 권력자가 복종하는
지배 형태로서 법치주의가 지켜질 때 권력은 정당화되고
권위를 지닌다고 보았다.

법치주의는 사람과 사건으로 구성된 '사실'을 바탕으로
합의된 규칙을 적용하는 것이다. 합의된 규칙을 잘 따르는
상황에서는 기준이 분명하므로 사실관계도 갈등 없이 잘
정리된다. '사실'은 모든 행위와 제도의 움직일 수 없는 기
초며 대상이다. 법치주의가 발달할수록 사실은 '진실'에 가

까워진다. 법치주의가 부정될수록 '사실'은 '거짓'이 되며, 날조되거나 정치적 이해관계로 왜곡되고, 사실 여부를 둘러싸고 공방이 벌어진다.

정치세력으로 진보와 보수가 나뉘지만 권력을 행사하는 양 진영의 행위 양식에는 굉장히 비슷한 측면이 있다. 그런 것들에서 상처를 받으면서, 정치와 권력의 속성을 두고 고민은 계속 이어졌다.

정치의 속성과 사실적 진리의 갈등

그러다가 정치학자 박명림 교수와 대화를 나눌 기회가 있었다. 박 교수가 공안부 검사들의 추천으로 한국전쟁에 관한 특강을 법무부에 하러 왔을 때였다. 그는 내게 한나 아렌트의 글「진리와 정치」[1]를 읽어보라고 권했다.

한나 아렌트는 사실과 사건이 정치 영역의 얼개를 구성하기 때문에 사실적 진리, 즉 사실을 그대로 반영하는 진실성이 중요하다고 보았다. 그렇지만 사실적 진리는 늘 변화하는 인간사의 장에서 일어나기 때문에 공리, 이론보다 허약하다. 그리고 사실적 진리는 목격자들에 의해 성립되며 증인의 진술에 의존한다는 점에서 '이야기되었을 때'에만 존재한다. 그 점에서는 정치적이다.

정치는 의견(주장)이 필수불가결하다. 사실과 의견은 서로 분리된 것이지만, 사실과 의견 모두 '이야기될 때'에만 존재한다는 점에서 같은 영역에 속한다. 사실은 의견에 정보를 제공하며, 의견은 사실적 진리를 존중하는 한 정당화된다. 문제는 사실적 진리가 진실로 인정받으며 어떠한 논쟁도 차단시키는 강제성을 갖는 데 반해, 정치는 의견과 논쟁으로 구성되고 역동적이며 가치 창조적이라는 본질을 갖는 데 있다. 정치는 사실적 진리를 따라야 하되 새로이 법을 만들어내는 형성적 효력을 갖고, 사실은 진리를 따르되 정치적이다.

진리는 논쟁으로 바꿀 수 없다. 그래서 정치에서는 사실적 진리가 통용되기 어렵다. 사실적 진리의 특징은 그 대칭물이 의견이 아니라 의도적 허위성이나 거짓이라는 점이다. 사실적 진리를 부인하기 위해서는 거짓말이 필요하다. 또 거짓말은 폭력적 수단을 대체해 사용된다. 사실적 진리를 일관성 있는 거짓말로 완전히 교체한 결과는 '거짓말이 진리로 수용되고 진리는 거짓으로 폄하된다'는 것이 아니다. 그것은 일시적이고 수정될 수 있다. 더 큰 문제는 '실재 세계에서 의미를 읽어내는 우리 감각이 파괴된다'는 점이다.

한나 아렌트는 1963년에 나치 전범의 재판참관기 《예루살렘의 아이히만》을 출간했는데, 그 유명한 '악의 평범성'에 관한 보고서였다. 나치 친위대원 아이히만은 특별히 반유대주의 사상을 갖고 있거나 과도한 악의를 가진 인물이 아니었고, 단지 명령체계에 복종했을 뿐인데 악행을 저지르는 결과를 낳았다. 즉 '사유하지 않았다는 것'이 악행의 원인이었다.

그런데 아렌트는 악을 적극 비난하지 않는다는 오해를 낳아서 자신이 속한 유대인 공동체로부터 맹렬한 비난을 받고 논란에 휩싸였다. 아렌트는 이 논쟁 후에 「진리와 정치」를 작성했다. 아렌트가 정의한 '사실적 진리와 정치의 관계'는 정치에서의 길항작용에 기준을 제시한다. 정치는 진리를 따라야 하고, 진리는 정치의 바람직한 갈등 해결과 합의 과정을 통해 현실에 정착된다.

나의 경우 이 길항작용 안에서 준거점으로 삼은 것이 적법절차의 원칙Due Process이었다. 의견의 잘잘못이 법치주의로 표현된 사실적 진리에 합당한가 여부를 '의견'을 통해 결론짓기보다는 '서로 요구되는 법치적 절차를 지키고 있느냐'를 기준으로 결론 내리자는 것이다. 결론은 진리에 열려 있다. 2004년 법무부 장관으로 노무현 대통령 탄핵소추에 관한 의견서를 헌법재판소에 제출해야 했을 때, 나는 이러한 적법절차의 원칙 관점에서 의견을 개진했다.

2004년 나는 법무부 근무를 마쳤다. 그 후에도 국가, 권력, 법원칙과 자유의 문제 등은 숙제로 남았고 이 숙제를 해결하고 싶었다. 권력의 문제는 계속해서 인간 삶의 기저에 작용한다고 생각했기 때문이다.

전환

2006년 서울 시장 선거 이후 2008년 민주당 최고위원을 끝으로, 나는 정치권에서 돌아와 로펌 원에 합류했다. 그리고 가톨릭대학교 생명대학원에 진학했다. 생명대학원은 생명과학실험 조작으로 세간을 뒤흔든 황우석 사태를 계기로 막 설립된 참이었다. 가톨릭과의 인연은 법무부에 재직할 당시 법조계 대선배이며 나의 대모인 이영애 전 국회의원과 가까운 이들의 안내로 이경상 신부에게 가톨릭 세례를 받으면서 시작되었다. 권력과 정치에 대한 고민이 깊어지다가, 예수가 왕을 사칭한 실정법 위반 죄목으로 십자가형에 처해졌다는 사실을 성경에서 발견한 것이 계기가 되어 세례를 받게 되었다. 생명대학원에 진학한 것도 이경상 신부의 추천을 통해서였다.

생명대학원에는 캐나다 토론토 대학교 신학대학에서 생태신학 박사과정을 마치고 귀국한 이재돈 신부가 생명문화학과 전공 책임교수를 맡고 있었다. 지도교수인 그와의 면담 자리에서 권력 문제에 대한 고민이 공부의 계기가 되었다고 말씀드렸더니, '문명 공부'를 하면 어떻겠느냐는 제안이 돌아왔다. 그때는 그것이 무슨 뜻인지 잘 와닿지 않았다. 생태학에 대해서도 문외한인 상태였다.

이 신부의 강의 시간에 우주와 과학 이야기를 들었는데, 매우 신선해서 마음이 끌렸다. 우주는 코스모스가 아니라 '코스모제네시스Cosmogenesis', 즉 창발하는 우주이며, 존재는 '있음Be'이 아니라 '되어감Being'이라는 내용이었다. 이어서 지구학자이자 문명사가로 지난 2009년 작고한 토머스 베리의 《위대한 과업》을 교재로 읽으면서 여러 생각을 하게 되었다.

이 책은 21세기를 여는 시대에 인간이 지구에서 살아가기 위한 방법을 제시한다. 우리가 지금 어디에 있는지, 어떻게 지구라는 행성garden planet에서 살게 되었는지를 이해해야 하고, 미래에 지구와 인간 모두를 증진시키는 방향으로 나아가야 한다는 것을 주제로 한다. 그 대안을 만들고 실천하는 일이 우리에게 주어진 '위대한 과업'이라는 것이다.

이 책의 문장은 이지적인 차원을 넘어 시적으로 마음을 울려서 황홀감을 불러일으켰다. 특히 인간의 신체와 영혼을 만들어낸 우주의 원형적 상징인 '생명의 나무tree of life'라는 개념이 인상적이었다. 새로운 문화를 만들어내기 위해서는 잘못된 문화 코드를 대신해 인간의 고유한 유전자 코드에서 지침을 발견해야 한다. 그것은 인간의 무의식

깊은 곳에 있는 원형의 심혼적 에너지와 동일한 것으로, 그 우주적 상징 중 하나가 '생명의 나무'라는 것이다.

나는 여기에서 2006년 서울 시장 선거가 떠올랐다. 그때 나는 열린우리당 후보로 출마를 선언했는데, 그 선언문에 괴테의 "모든 이론은 회색이며, 오직 영원한 것은 저 푸른 생명의 나무다"라는 구절을 인용했다. 돌이켜보면 시정市政의 구체적인 비전과 정책을 담지 못한 매우 어설프고 생뚱맞은 출마 선언문이었다. 그런데 토머스 베리는 내가 당시 직관적으로 언급한 '생명의 나무'가 이미 나의 존재 근원과 연결되어 있었다는 믿음을 선사해주었다. 내가 출마 선언문에 사용한 '주체성, 포용성' '순환과 경계 허물기와 하나 됨' '세계인' 같은 표현은, 당시에는 명료하게 깨닫지 못했지만 이미 내 안에서 생태적 가치관에 대한 갈망이 꿈틀거리고 있었다는 사실을 확인시켜주었다.

토머스 베리 사상은 문명사와 생태학과 우주론의 결합으로 압축할 수 있다. "100년에 한 번, 인류 가운데 심오한 명료함을 가지고 말하는 어떤 사람이 나타난다. 토머스 베리는 바로 그런 인물"(《블룸베리 리뷰》), "새로운 유형의 생태신학자들 중에서 가장 도발적인 인물"(《뉴스위크》)이며,[2] 생태학의 지평을 정치·경제와 같은 사회적 차원과 과학뿐 아니라 우주와 영성의 차원까지 넓혔다고 평가받는다.

베리의 이러한 광활하고 깊은 사상의 형성에는 《인간현상》의 저자로 알려진 신학자이자 과학자 테야르 드 샤르댕과 17~18세기에 활동한 이탈리아 역사학자 잠바티스타 비코의 영향이 컸다. 베리의 박사학위 논문도 「잠바티스타 비코의 역사 이론」이었다. 베리는 아널드 토인비의 문명사 영향도 많이 받았다. 아시아 종교 전통을 폭넓게 연구한 그는 중국에서 중국어와 중국 문화를 공부하는가 하면 산스크리트어를 공부했고, 힌두교와 불교에 관한 책을 썼다. 미국에 돌아가서도 중국학 연구를 계속했고 컬럼비아 대학교 등지에서 아시아 사상과 종교를 알리는 데 힘썼으며, 북아메리카 원주민 문화도 연구했다.

토머스 베리의 사상은 지구와 생명 그리고 우주, 인류 문명과 국가, 이 모든 것의 역사에서 바람직한 미래에 이르기까지 폭넓고 드넓었다. 나는 그때까지 삶의 지점 곳곳에서 부딪히고 괴로워하며 겪어야 했던 분열된 정체성, 갈망, 관심이 그의 사상 안에서 모두 하나로 이어져 정돈되는 것 같은 느낌을 받았다. 나 자신의 원형을 회복하고 삶을 질적으로 비약시켜줄 것이라 느꼈다.

대학원 과정에서 토머스 베리 사상을 계속 공부하면서 두 가지를 자문하게 되었다. '그의 사상이 옳다고 확신할 수 있는가? 그 각론을 구체화하고 실천 방안을 만들 수 있는가?' 하는 문제였다. 일단 그의 사상을 공부하는 것은 정체성을 스스로 복원할 수 있는 기회라는 점에서 매우 소중한 것이었고, 이 광활한 내용의 책과 저자를 대면하여 과학적 검증과 고민을 지속적으로 해나가면서 내가 살아가야 할 방향을 찾아보자고 생각했다.

삶에 대한 토머스 베리의 핵심 메시지는 '성찰reflection'과 '경축celebration'이다. '성찰은 우주, 삶은 끝내 기쁨'이라는 이 주제는 삶의 여러 어려움으로 고민할 때 나에게 희망을 주었고 나를 지치지 않게 하는 격려가 되었다. 50대까지의 나는 사회와 권력에 대한 성찰에 매달렸다면, 대학원 공부를 하면서부터는 축제로서 삶의 가치관을 받아들이고 나날이 행복하게 사는 법을 깨달아갔다. 지구와 우주와 생명과 존재라는 더 큰 관점에서 삶을 들여다보면서 가치관에 변화가 생겼고, 생각의 기본 틀을 새로이 얻게 되었다.

여성과 생명의 정치를 묻다

대학원 마지막 학기 중이던 2012년 10월, 나는 그간 공부한 내용을 한국 상황에 적용한 책《생명의 정치》를 냈다. 이 책은 '여성 · 생명 · 권력 · 생태'의 연관성과 세계관을 각기 서술하고, 우리 사회가 권력의 패러다임에서 생태의 패러다임으로 전환할 필요가 있다는 주제를 담았다.

인간의 생명은 귀천이 없고 모두가 소중하다. 그런데 공동체가 만들어지는 과정에서 소수가 힘을 장악하며 폭력이 생겨났고, 공동체 전체를 위해 봉사하고 베푸는 존재였던 지도자가 억압하는 존재로 바뀌었다. 이는 인간이 원래 그런 존재여서가 아니라 문명적 문제 때문이었다고 피력했다.

> 국민의 권력이라는 것은 공동체의 구성원인 우리라는 '생명 집단의 힘'이고, 이것이 국가권력의 원천임을 선언한 것이다. (…) 그러나 권력이 집권자에게 양도되면 그것이 본래의 권력의 근원인 국민의 권력보다 강해지는 권력의 도착현상이 일어난다. 그리고 이것은 다시 권력의 패러다임 혹은 권력의 메커니즘으로 세상을 읽고 이해하며 통치하려는 집단적 욕구로 진화한다.
> 권력지향적 패러다임은 상명하복의 질서만 강요함으로써 자유롭고 수평적인 소통을 억압한다. 이런 권력의 질서를 폐기하는 길로 나아가기 위해서는 '공존하는 삶의 보존'이라는 가치의 정립이 가장 중요하다. 그래서 권력 패러다임 자체를 뛰어 넘어야 한다.[3]

그간 정치권을 떠나 있었던 나는 《생명의 정치》로 책을 내고 독자들과 만나서 나의 견해를 전하고 싶었다. '여성과 권력'이라는 화두를 생명의 키워드로 풀어내고 싶었다.

2012년 당시 대통령 선거에서 박근혜 전 대통령의 주요한 선거 전략 중 하나가 '최초의 여성 대통령'을 부각시키는 것이었다. 나는 젠더 리더십 관점에서 박 전 대통령이 여성이기는 해도 그의 정치적 대표성만으로 여성을 대표할 수는 없다고 보았다. 박 전 대통령은 여전히 남성 중심의 권력 패러다임에 속해 있다는 점을 지적했다.

그러나 당시 대선에서 성평등 어젠다는 제대로 주목받지 못했다. 나는 책을 내고서 많은 매체와 인터뷰도 하고 강의도 다녔다. "남성 중심의 역사에서 여성성으로 지적되어 온 요소들이 가장 전위적인 가치이며, 권력 패러다임을 새로운 수평적, 상호 관계적인 패러다임으로 전환하는 데 여성이 주도적 역할을 해야 한다"는 주장을 했다.

가장 기억에 남는 것은 개신교 사회운동 단체인 대화문화아카데미가 마련해준 토론마당이다. 대화문화아카데미 '바람과 물 포럼'에서 여성학자, 활동가, 생명운동을 해온 전문가들과 대화를 나눴다. 강대인 원장은 '생명과 권력을 대척시켰다는 점이 인상 깊은 책'이라는 평을 해주었다. 그리고 여성학자 등이 제기한 여성, 여성성 문제에 대한 지적과 여러 논의를 귀 기울여 경청했다.

지배 대신 전체 중심의 시대를 열기 위해

얼마 지나지 않아서 나는 내가 '에코페미니즘'을 이야기하고 있다는 자각이 생겼다. 기존 페미니즘 이론이 젠더로서의 여성과 남성, 중심과 주변부 등의 관계에 중점을 두었다면, 에코페미니즘은 그 관심을 여성-남성뿐 아니라 자연 및 생태계로 확장하고, 양성 간 평등한 인간관계는 물론 비인간 존재, 자연과의 관계도 재편하고자 한다.[•]

에코페미니즘은 여성이 경험하는 억압의 문제를 다루지 못한 채 자연과의 연결을 주장하는 생태론은 불완전하다고 본다. 자연해방을 다루지 않는 여성해방도 마찬가지로 불완전하다는 주장이다. 그리고 이를 전제로 자연해방과 여성해방을 연결시킴으로써 생태적이며 평등한 세상을 이루고자 한다. "여성운동이 젠더 문제를 최우선에 두어야 할 필요가 사라진 것은 결코 아니지만, 젠더 문제를 제대로 풀기 위해서도 성장 담론이 가져온, 우리 삶의 모든 국면에서 피폐화하는 현실을 정면 대응하지 않으면 안 된다"[4]고 생각한다.

가부장제에 대한 새로운 해석을 소개한 토머스 베리의 1988년 저서 《지구의 꿈》도 에코페미니즘과 관련해

• 에코페미니즘은 1970년대 반핵평화운동과 환경운동 속에서 출현했는데, 우리나라에서는 1990년대에 들어 싹이 텄다. 국내에서 에코페미니즘을 표방한 최초의 여성조직 '여성환경연대'는 1995년 제4차 북경 세계여성대회를 준비하면서 '여성과 환경팀'을 구성한 것이 중요한 계기가 되어 1999년에 출범했다. 여성환경연대는 기존 환경운동이나 여성운동과는 다른 패러다임 운동을 예고했다.

읽어볼 가치가 있다. 서구의 역사 발전을 가부장제 전前시대prepatriarchy, 가부장제 시대patriarchy, 가부장제 후後시대postpatriarchy로 구성하는 방식이다. 이 단계들은 모계 중심적matricentric 시대, 가부계 중심적patricentric 시대, 전체 중심적omnicentric 시대로 부를 수 있다. 베리는 '지배적'이란 표현 대신 '중심적'이라는 접미사를 사용함으로써 역사가 통치나 지배라는 개념에서 문화적 보전이라는 개념으로 이행한다고 설명한다.

나는 이 '전체 중심적'이라는 개념이 마음에 들었다. '중심'은 '지배'를 대체한 용어다. '전체 중심의 시대'에는 생태계가 포괄적으로 참여한다. 그리하여 인간을 비롯한 지구의 생명 시대를 열어가자는 것이고, 가치에서 배제되어 왔던 다양한 지점을 모두 통합하자는 것이다. 다양성과 다원성, 전체 중심의 시대를 어떻게 열어갈 것인가는 이 시대의 과제에 맞닿아 있다.

그 후 현실에서 벌어진 정치 상황을 보면 권력 패러다임과 젠더 문제는 큰 진전을 이루지 못했다. 그것이 2018년 '미투Me Two 운동'을 촉발시킨 원인이 되었다고 생각한다. 정치 현실에서는 많은 사람이 오랜 시간을 거쳐 의견을 합치기도 하고 갈등하기도 하면서, 시대의 과제나 시대정신이 지체되는 경우가 많다. 여러 장애와 부딪히고 얽히는 과정에서 불편한 상황이 벌어지기도 한다. 그러나 역사는 우리가 꾸는 꿈이 단번에 실현되지는 않더라도 언젠가 반드시 현실이 되는 '드러남의 연속'임을 보여준다. 그러기에 당장 불행한 정치적 사건이나 미흡한 성과를 대면한다고 해서 실망할 필요는 없다는 것이 내 생각이다.

나는 2013년 2월에 생명대학원을 졸업했다. 대학원 시절 생명 공부를 하면서 가장 가슴에 와닿은 것은 토머스 베리가 《위대한 과업》에서 "미래에는 지구와 자연에 대한 권리 부여와 법적 지위 확립이 필요하다"고 한 대목이었다. 이 문장이 계기가 되어 대학원을 졸업한 후 생명문화포럼을 만든 데 이어, 2015년 지구법학회와 생태대연구회라는 소모임을 '지구와사람'으로 재편해서 공부를 계속하게 되었다.

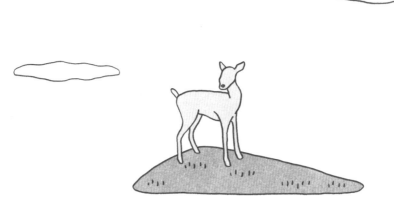

1부

변해버린 세계

녹록지 않은 상황

지구 일부를 점유하는 조건 아래
지구와 균형을 유지하던 종species으로서의 인류가
지구의 대부분을 차지하는 상황이 되자
모든 병리적 현상이 일어나고 있다.
이를 인간 중심적 행성화라
부를 수 있고, 기후변화는 그 결과다.

2019년 12월 중국 우한에서 신종 코로나 바이러스 감염증(코로나19)이 발생했다. 사람들은 2020년 초만 해도 곧 가라앉을 것이라고 기대했지만 해를 거듭해 유행이 이어지고 있다. 그 와중에 평소 지구와 환경 문제에 관심 없던 사람들이 "우리가 너무 자연을 파괴해서 저주받은 것"이라고 하거나 "4차 산업혁명 시대에 인공지능까지 만들고 우주로 가면 뭐하냐, 바이러스 하나에 이렇게 전 세계가 마비되는데"라고 푸념하기도 했다. 부지불식간에 우리 모두가 코로나 사태 이전으로 되돌아갈 수 없다는 인식을 공유하게 되었다.

코로나19 팬데믹 상황이 일상과 문화를 바꾸고 있다. 무엇보다도 기후변화가 가져올 위기를 자각하는 계기가 되었다. 과학자들은 팬데믹과 기후변화가 관련되어 있다는 분석을 내놓고 있다. 포츠담기후영향연구소 소장인 요한 록스트룀은 "코로나19는 단순히 보건의 위기가 아니라 기후, 보건, 생태계 등 세 가지 위기가 중첩된 결과이며, 코로나19 팬데믹 이후 회복을 위해서는 백신과 의약품 개발 같은 의학적 개입뿐 아니라 자연과 생태계를 보존하는 일에 더 투자해야 한다"고 주장했다.[1]

미국의 경제학자 제러미 리프킨도 기후변화로 팬데믹이

초래됐다고 단언한다. 그는 2020년 〈경향신문〉과의 인터뷰에서 기후변화의 원인을 크게 세 가지로 꼽았다.

첫째는 물 순환 교란으로 인한 생태계 붕괴다. 지구온난화로 지구의 물 순환 양태가 바뀌고 있다. 지구가 섭씨 1도씩 뜨거워질 때마다 대기는 7퍼센트씩 더 많은 강수량을 빨아들인다. 그래서 통제가 어려운 물난리를 겪게 되고, 거칠고 극단적인 기후 현상으로 인해 가뭄과 산불도 일어난다. 생태계가 변화하는 물 순환을 따라잡지 못하고 붕괴하고 있다.

둘째는 인간의 야생 침범이다. 1900년만 해도 인간이 사는 땅은 지구 육지의 14퍼센트 정도였는데 지금은 거의 77퍼센트를 차지한다. 야생을 개발한 단일경작지나 숲을 밀어 만든 방목지도 기후변화를 유발한다.

셋째로 야생 생명들의 이주가 시작된 것을 꼽을 수 있다. 동물과 식물이 기후재난과 서식지 파괴를 피해 인간 곁으로 옮겨왔다. 바이러스는 동물의 몸에 올라타 이동했다. 최근 몇 년 동안 에볼라, 사스, 메르스, 지카와 같은 전염병이 발생한 이유다. 리프킨은 지구의 공공보건에 위험이 초래된 상황에서 앞으로 더 많은 전염병이 창궐할 것으로 전망한다. 게다가 팬데믹이 올 때마다 1년 반 정도 록다운(봉쇄조치)될 것이며, 초기 단계에 록다운을 해도 약 6개월 뒤에는 두 번째 파고가 찾아올 것이라고 주장한다.[2]

산업문명 초기에 전체 육지의 14퍼센트에 불과했던 인간의 서식지가 77퍼센트로 증가했다는 사실은 충격적이다. 이 수치가 모든 상황을 말해주는 것 같다. 지구 일부를 점유하는 조건 아래 지구와 균형을 유지하던 종種, species으로서의 인류가 지구의 대부분을 차지하는 상황이 되자 모든 병리적 현상이 일어나고 있다. 이를 인간 중심적 행성화anthropocentric planetization라 부를 수 있고, 기후변화는 그 결과로 볼 수밖에 없다.[3]

내가 기후변화에 대해 처음 인지했던 것은 10년 전 대학원 강의 시간에 《6도의 악몽》이라는 책을 접하면서다. 영국의 저널리스트 마크 라이너스가 현장취재와 과학적 자료를 바탕으로 지구온난화와 멸망의 시나리오를 제시한 책이었다. 이처럼 기후변화에 대해서는 논의가 있어 왔지만, 대중적으로 널리 알려지고 심각한 문제로 대두되어 정책 수립과 실천으로 이어지기까지 과정은 더뎠다.

시간이 걸린 이유 중 한 가지는 기후변화 문제의 심각성을 실감하고 각성하기가 어렵다는 점이다. 극심한 폭염이나 홍수, 가뭄, 산불과 같은 재난 상황에 직접 놓여 피해를 입기 전에는 당장 손써야 하는 내 일이 아닌 것이다. 또 기후위기를 이해한다고 해도 개인이 실천할 수 있는 일은 제한적이기에 오히려 무력감이 커진다.

사실 기후위기 대처 방안에서 가장 중요한 것은 에너지 전환이다. 정책을 주도하는 정부와 기술혁신을 담당하는 기업이 가장 큰 역할을 맡을 수밖에 없다. 파리기후변화협약에서 2019년 탈퇴한 미국이 바이든 행정부가 들어서면서 재가입한 일은 매우 다행스럽다. 하지만 미국의 정책이 선거 결과에 따라 오락가락한다는 사실은 매우 염려스러운 일이 아닐 수 없다.

우리나라도 마찬가지다. 국내 정치권 이슈 때문에 국민의 생존권을 위협하는 기후변화와 관련된 정책적 논의가 뒷전으로 밀리고 관련 법안도 큰 주목을 받지 못하고 있는 상황이다. 기후변화는 인간의 이익을 뛰어넘어 전체 지구의 생존이 달린 문제인데, 이를 깨닫고 행동에 나서기까지 극복해야 할 어려움이 많다.

화석연료 시대는 종말을 맞았다

그나마 코로나19를 통해 기후변화에 대한 위기감이 높아진 것은 아이러니하지만 다행스러운 일이다. 2020년은 인류 공동체의 대전환이 일어난 시기로 기록될 것이다. 21세기 들어 가장 심각한 팬데믹을 겪기도 했지만, 2015년 채택한 파리기후변화협약에 따라 장기 저탄소 발전 전략과 국가 온실가스 감축 목표에 대한 보고서를 제출해야 하는 마감기한이었기 때문이다.

　각국은 파리기후변화협약에서 합의된 신기후체제의 실현을 위해 기후변화의 직접적 원인인 이산화탄소 배출량을 감축해야 한다. 그래야 지구 평균 온도의 상승 폭을 산업화 이전에 비해 섭씨 1.5도 이하로 제한할 수 있다. 탄소 감축 목표 기준은 2018년 10월 발표된 UN 산하 정부간기후변화협의체IPCC의 '1.5도 특별보고서'다. 2050년까지 탄소배출 제로(탄소중립), 즉 '넷 제로Net-Zero'를 달성해야 한다. 그러기 위해서는 2030년까지 적어도 이산화탄소 배출량을 현재의 45~50퍼센트로 줄여야 한다. 그런데 2021년의 IPCC 보고서는 기후변화 진행 속도가 더 빨라져서 향후 20년, 즉 2040년이 되기 전에 1.5도를 넘길 수도 있다고 예측했다. 지금의 정책 계획이 따라가기 어려울 만큼 상황이 심각하다.

　이산화탄소 배출의 주원인인 화석연료의 시대는 이제 종말을 맞았다. 2017년에는 스웨덴, 2019년에는 영국, 프랑스, 덴마크, 뉴질랜드, 2020년에는 헝가리가 이미 탄소중립을 법제화했고, 유럽연합EU은 2019년 12월 그린딜Green Deal을 통해 2050년까지 탄소중립 목표를 발표했다. 중국도 2020년 9월 시진핑 주석이 UN총회에서 2060년까지 탄소중립을 달성하겠다고 밝히면서 2030년까지 GDP 대비 배출량 기준 60~65퍼센트 감축 목표를 세웠다. 일본은 2020년 10월에 탄소중립을 선언했고, 미국 바이든 정부는 기후대응을 선도하고 있다. 세계적으로 탄소중립을 목표로 움직이고 있는 나라가 이미 120개국을 넘는다.

우리나라는 문재인 대통령이 2020년 10월 28일 국회 시정연설에서 2050 탄소중립 계획을 천명했다. 2021년 봄부터는 ESGEnvironment(환경) · Social value(사회) · Governance(지배구조)경영 열풍이 불고 있다. 기후위기를 피해갈 수 없는 현재 상황에서 ESG경영으로의 전환은 분명 옳다. 그러나 구체적 전략이나 실천 매뉴얼이 제대로 준비되어 있지는 않다고 본다. 지금의 경제 규모를 유지하면서 화석연료 에너지를 재생에너지로 전환하는 것은 쉽지 않다.•

화석연료를 기초로 한 문화가 바뀌어야 하며, 일자리 문제를 비롯해 시민의 고통 감수도 만만치 않을 것이다. 정부의 매우 현명하고 적극적인 정책 입안과 기업의 주도적인 역할 수행이 필요하다. 무엇보다도 시민 모두가 공동체 전체를 염두에 두고 움직이면서 함께 돌파해나가야 한다.

전반적인 상황은 녹록지 않다. 2021년의 IPCC 보고서는 세계 평균 기온이 산업화 이전 대비 1.09도나 높아졌고, 대기 중 CO_2 농도가 '200만 년 만에 최대'라고 했다. 현재의 배출량이 유지될 경우 8년 뒤

• 우리나라는 2019년 현재 재생에너지 비율이 4.6퍼센트로 세계 최하위권에 속한다.

목표 기온을 초과하게 된다는 예측도 있다. 우리는 기후위기 상황의 거의 막바지에 와 있다.

그러나 재생에너지 생산비용이 빠른 속도로 단축되고 있다는 점은 희망적이다. 과학적 예측도 정교해지고 있다. 공동체 성원이 모두 노력해야 한다.

인간의 시간, 지구의 시간

"우리는 홀로세의 안전한 환경을 이미
넘어섰습니다. 그러나 아직 희망은 있습니다."

요한 록스트룀, 기후변화 콜로키움(2021년 1월)

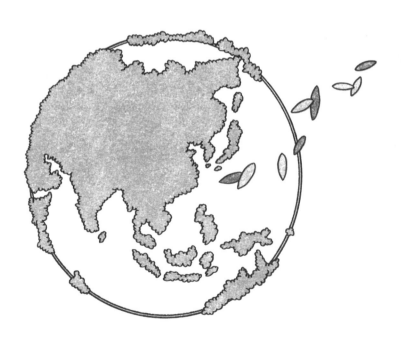

'인류세Anthropocene'라는 용어를 들어보셨는가? '인류세'는 인간을 뜻하는 고대 그리스어 'anthropos'와 지질학의 한 시대적 단계를 뜻하는 'cene'의 합성어로, 1980년대에 미국 생물학자 유진 스토머가 처음 사용했다. 그리고 노벨화학상 수상자인 네덜란드의 대기화학자 파울 크루첸이 2000년에 한 기고문에 언급하면서 대중화되었다. 2014년에는 옥스퍼드 영어사전에 "현재의 지질학적 시대, 인간의 활동이 기후와 환경에 지배적인 영향을 미쳤다고 간주되는 시대"라는 정의로 등재되었다.

지구의 지질시대를 정하는 공식기구인 국제지질학연맹 산하 국제층서위원회의 인류세 워킹그룹은 2016년 "홀로세를 인류세로 바꿔불러야 한다"고 권고했고, 2019년 5월에는 2021년까지 새 시대에 대한 공식 제안서를 제출할 계획이라고 밝혔다.⁴ 우리가 살고 있는 시대는 지질학적으로 신생대 제4기의 마지막 시기인 홀로세世, Holocene에 속한다. 홀로세는 마지막 빙하기 후 약 1만 1000년 전부터 현재까지다.* 지금 시대에 인류세라는 이름을 붙이는 것은 '인간의 과도한 영향력으로 홀로세를 이미 벗어났다'는 뜻이다.

• 영국 지질학자 찰스 라이엘이 고안한 지질시대는 단위가 큰 것부터 누대累代, Eon, 대代, Era, 기紀, Period(-gene), 세世, Epoch(-cene), 절節, Age의 순으로 구분한다.

지질시대 구분은 화석을 기준으로 하는데, 인류세 워킹그룹은 인류세를 가리키는 최우선적 표식으로 1950년대 핵실험을 통해 인공적 방사선이 전 지구적으로 확산된 것을 꼽는다. 핵무기 실험 낙진은 인류세의 대표적 화석이 될 전망이다. 캐나다 웨스턴 대학교 등의 지구과학자들은 플라스틱이 섞인 돌덩어리를 수집해 '플라스티글로머리트plastiglomerate', 즉 '플라스틱 돌'이라는 이름을 붙였다. 이들은 '플라스틱 돌'을 인류세의 기준석으로 제안했다. 인간이 만든 '기술화석technofossils'이라는 점에서 플라스틱이 새로운 지질학적 시대를 열었다는 것이다.

인류세 워킹그룹은 원폭투하에서 대기 핵실험 중단까지의 기간(1945~1963)을 인류세의 본격적 시작으로 본다. 핵확산금지조약이 발효되기 전인 이 시기에 약 500회의 핵실험이 있었다. 20세기 중반 이후 인구팽창과 산업화, 세계화가 엄청난 속도로 진행되었는데, 이를 '거대한 가속Great Acceleration'이라 부르며 새로운 지질학적 신호를 축적한 것으로 본다.

'거대한 가속'은 1750년부터 2000년까지 250년 동안 사회경제적 활동의 급격한 상승과 반비례하는 지구 시스템의 변화를 보여준다.[5] 24개 글로벌 지표가 어떻게 변화했는지를 보여주는데, 1950년대에 모든 지표가 수직 상승한다. 사회경제 활동에 정확하게 반비례해서 지구 시스템의

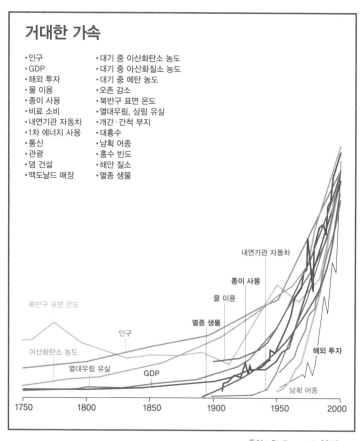

거대한 가속

- 인구
- GDP
- 해외 투자
- 물 이용
- 종이 사용
- 비료 소비
- 내연기관 자동차
- 1차 에너지 사용
- 통신
- 관광
- 댐 건설
- 맥도날드 매장

- 대기 중 이산화탄소 농도
- 대기 중 아산화질소 농도
- 대기 중 메탄 농도
- 오존 감소
- 북반구 표면 온도
- 열대우림, 삼림 유실
- 개간·간척 부지
- 대홍수
- 남획 어종
- 홍수 빈도
- 해안 질소
- 멸종 생물

북반구 표면 온도

이산화탄소 농도

인구

열대우림 유실

GDP

멸종 생물

물 이용

종이 사용

내연기관 자동차

해외 투자

남획 어종

1750   1800   1850   1900   1950   2000

출처 : Steffen et al., 2015

지질학적 화학적 퇴행과 파괴가 초래되었다는 사실이 놀라움을 안겨준다.

인류세라는 개념에 대해서는 논란이 있다. 일부는 인간에 의한 지구의 파괴를 강조하려는 정치적 목적을 띠고 있다고 생각한다. 또 다른 일부는 인간이 지구를 변화시켰음을 확인하기에 너무 짧은 기간이라고 주장한다.[6] 국제층서위원회 인류세 실무단 위원이기도 한 생태학자 얼 C. 엘리스는 "지질시대에 인간의 이름을 붙이는 것 자체가 인간중심적 오만이며, 상황을 초래한 인류 공동체의 원인과 책임을 호도한다는 점에서 비판을 받기도 한다"고 지적했다.

지질시대와 깊은 시간

이러한 시대 논쟁에서 주의를 기울여야 하는 점은 우리가 이미 '인간의 역사history' 시대를 뛰어넘어 지구의 시간인 **'지질시대Geological Time'**로 진입했다는 사실 그 자체다. 홀로세 안에 있던 인간의 시간은 지구의 시간을 벗어났다. 인간이 지구를 주도적으로 바꿔나가고 있는 이 시대에 우리는 세계를 파악하는 방식 자체도 바꿔야만 한다. 인류세는 개개인의 삶보다 더 큰 것을 생각하라고 요구한다. 인간 사회의 시간보다 더 긴 시간 단위 속에서, 태초부터 종말까지 행성 전체의 작동과 변화를 상상하라고 요구

한다.

　현재 기후협약은 지구의 평균 온도를 산업화 이전 대비 1.5도 상승으로 제한하도록 노력하자는 내용을 담고 있지만, 실제로는 이미 1만 1,000년의 홀로세 시대의 안정된 기후를 벗어났다는 사실을 인식해야 한다. 인류가 출현한 것은 홀로세 전인 신생대 제4기로 알려져 있다. 마지막 빙하기에서 벗어나서 홀로세로 들어서자 간빙기가 시작되어 기온의 진폭이 섭씨 1도에 머물게 됨으로써 처음으로 생존에 안정적인 환경 조건이 구축되었다. 농경과 정착이 시작되었고 문명이 출현했다. 그런데 현재의 기온은 홀로세의 범위를 벗어나서 급상승하고 있다. 가공할 만한 사태인 것이다.

　지질시대는 '생물의 화석'을 기준으로 지구의 역사를 기록한 지구의 시간이다. 지질시대는 대체로 소행성 충돌과 같은 우주와의 작용, 기후를 포함한 지구 시스템과 생명의 상호 작용 속에서 형성된다. 우주 속 지구와 생명의 역사를 담은 시간의 연대기라고 할 수 있다.

　지질시대의 맥락에서 볼 때 인간은 신생대에 태어나 홀로세에서 번영을 구가하고 있는 하나의 생명 종이다. 홀로세에서 인류세로의 전환은 하나의 종에 불과한 인간이 환경과 그 안의 생명들에 변형을 가해서 지구와 지구의 역사를 좌우하는 위치에 올라서게 되었다는 사실을 의미한다. 동시에 자기 생존을 위협하는 결과를 초래했다는 사실도 포함한다.

인간은 자신의 시간을 지질시대 단위로 측정하지 않는다. 시대와 연도, 월과 시 따위의 단위로 살아간다. 인류세는 '인간의 시간'이 '지구와 모든 생명의 시간'이 되었고, 인간이 지질시대의 주도권을 쥐었으며, 우리가 하기에 따라 지질시대가 달라진다는 점을 내포한다.

이제 문명 개념과 세계의 시간만으로 시대를 규정지을 수 없게 되었다. 지질시대로 확장된 시간 개념이 요구되는 상황을 맞아 지질시대적으로 생각하고 행동해야만 한다. 그것은 지구와 그 안의 모든 생명을 우리의 사유 속에 진지하게 들여와야 한다는 것을 의미한다. 우리에게 요청되는 새로운 지질학적 시간은 기존 문명의 시간에 대비해 **'깊은 시간deep time'**[7]이라고 부를 수 있다.

문명은 홀로세 안에서 발현된 것인데, 갑자기 인간의 시대를 넘어 새로운 지질시대적 시간에 적응한다는 것은 매우 낯설고 어려운 일이다. 하지만 이미 지질시대적으로 시간을 생각하지 않으면 안 되는 지점에 와 있고, 이는 우리의 생존과 직결되어 있다.

인간은 홀로세의 시간 속 주어진 한계 내에서 '자연스러운' 삶을 살았지만, 지금은 인간이 지질시대를 변형시키고 단축시킬 우려가 매우 큰 '부자연스러운' 삶에 진입했다. 이 삶을 앞으로 어떻게 펼쳐나가느냐는 우리의 선택과 결정에 달려 있다. 그리고 인간이 지질시대를 결정할 정도로 막강한 영향력을 가진 만큼 그것을 관리할 능력을 갖추느냐도 역시 우리에게 달려 있다.

가장 큰 문제는 지금껏 우리 문명 역사에서 체험해본 적이 없는 상황인지라 우리가 '깊은 시간'을 실감하지 못한다는 사실이다. 전례 없는 새로운 길이 인류 앞에 놓여 있는데, 명확한 나침반이 없다. 코끼리 몸을 더듬듯 각각의 부분에 대한 진단과 처방이 있을 따름이다. 지구와 인간의 '상호 증진적 관계enhancing relationship'를 찾아가는 것만이 유일한 대안이다.

안전한 생존공간의 한계

지금의 세계화 문명을 넘어
지구의 지질학적 시대 차원에서
인간의 손바닥 안에 들어온 지구를
관리해야 하며, 지구와의 상호 증진적 관계를
새로이 조망해야 한다.

기후위기는 지질시대의 주인공이 된 인류에게 간단치 않은 문제를 안기고 있다. 기온 상승과 다른 종의 서식지 파괴 등이 일으키는 연쇄작용 때문이다. 기후변화에서도 모든 것이 갑자기 균형을 깨고 일시에 극적으로 변화하는 티핑 포인트tipping point가 중요하다. 그래서 어떻게든 기온 상승이 홀로세의 안정적 기온을 유지한 산업화 이전보다 섭씨 1.5도를 넘지 않게 해보자고 전 세계가 나서고 있는 것이다.

지구 시스템의 구성 요소들은 서로 연결되어 있고, 비선형적으로 작용한다. 환경의 비선형 변화가 갖는 위험은 현재 물리적으로 관찰하고 측정할 수 있는 범위 밖으로 나갈수록 증가한다. 어느 부분에서 언제 티핑 포인트에 도달해 재앙이 들이닥칠지 모를 일이다. 가령 기온이 1.5도를 넘을 경우, 빙하가 녹아서 전 지구적으로 해수면이 높아질 뿐 아니라 산악지대 영구동토층이 녹아서 매장되어 있던 온실가스가 방출될 수 있다. 결정적인 위험 요소다.

따라서 이 같은 비선형적 범주에 대해 각성하고 미래 발전과 복지를 추구할 방법이 필요하다. 그래서 과학자들은 지구 시스템의 주요 구성 요소들을 분석하고 각 구성 요소의 티핑 포인트를 넘지 않는 문턱값의 경계선을 확인하는 작업을 시작했다. 인류가 지켜야 할 생존의 공간적 한계, 즉 '**행성 경계**planetary boundaries'를 정해서 지구를 잘 관리해 나가자는 것이다. 나는 지질시대 '깊은 시간'과 함께 '행성 경계'를 우리의 생존이 가능한 삶의 시공간적 좌표로 제시하고자 한다.

행성 경계 개념은 2009년 9월 과학저널 〈네이처〉를 통해 알려졌다. 요한 록스트뢲과 포츠담기후영향연구소의 전 소장 한스 요하임 쉘은후버, 오스트레일리아 국립대학교 기후변화연구소장 윌 스테펜, 코펜하겐 대학교 지구과학센터 교수 캐서린 리처드슨, 미네소타 대학교 환경연구소 소장 조너선 폴리, 막스플랑크화학연구소의 파울 크루첸 등 전 세계 과학자 25명이 공동 집필한 「인류를 위한 안전한 운용 공간」이라는 논문에서 처음 제안한 개념이다.

넘어서는 안 될 행성 경계

행성 경계를 정한다는 것은 '지구 안정성'을 유지하는 데 가장 중요한 과정이 무엇인지 알아내고, 지구를 바람직한 상태로 유지하는 데 필요한 위험 한계를 과학적으로 수량화하는 작업이다. 기후변화와 지구 환경 위협에 대응하기 위해 인류에게는 새로운 해결책이 필요하다. 다음 세대를 좀 더 안전한 미래로 안내하기 위해서도 필요하다.

행성 경계를 정의하고 정량화하려는 이 새로운 시도는 인류에게 지구와 공생하기 위해 지켜야 하는 과학적 한계 기준을 제공한다는 점에서 이 시대 가장 중요한 과업이라 할 수 있다. 이는 지구에 대한 과학적 이해가 사회적 의사 결정 과정에 직접적으로 사용될 수 있도록 함으로써, 과학 자들뿐 아니라 정책 입안자, 기업 지도자, 시민사회 구성원 들의 참여를 촉발시켰다. 그래서 〈네이처〉의 편집자들은 이를 '거대한 지적 도전'이라고 표현했다.

이 연구는 상호 연관된 지구 시스템의 기후적 지구물리 학적 대기적 생태학적 본성을 지켜내서 인류의 안전을 수 호하고 인간과 지구가 상호 증진하는 것을 목적으로 한다. 요한 록스트룀과 마티아스 클룸이 쓴 《지구 한계의 경계에 서》는 이들 과학자들이 "사회경제를 지구와 연관지음으로 써 전 지구적 발전이라는 개념을 재규정하자는 새로운 논 의 틀을 제안했다"고 설명한다. 이같이 인간이 지구에 미 치는 영향을 측정하는 실용적이고도 광범위한 과학적 방 법은 새로운 패러다임을 만드는 데 필요한 '지도'이자 기 초 안내서다. 서로 다른 단계의 사회적 구조와 다양한 참 여자들을 모두 통합해서 하나로 연결하고 해답을 찾아갈 수 있게 도와준다.

록스트룀 등의 연구팀은 한 번 선을 넘어가면 인류에게 돌이킬 수 없는 환경 변화를 유도할 만한 '잠재적 경계선'

을 정하고, 이를 넘지 않기 위해 지켜져야 할 사항을 제안했다. 이들이 식별해낸 행성 경계는 아홉 가지다. 기후변화, 성층권 오존층의 파괴, 생물 다양성 손실률, 화학물질에 의한 오염, 해양산성화, 담수 소비, 토지 이용의 변화, 질소·인에 의한 오염, 대기오염 혹은 에어로졸 부하가 그것이다. 《지구 한계의 경계에서》는 이 아홉 가지 경계를 작동 방식에 따라 세 가지 범주로 구분해 설명한다.

첫 번째 범주는 그린란드와 남극대륙의 빙상 해빙처럼 지구의 문턱값이 명확하게 규정된 경계들이다. 이것은 하나의 상태에서 다른 상태로 확실하게 전환할 수 있는 과정들로 지구 전체에 직접적으로 영향을 끼친다. 아홉 가지 경계 중 '빅3'라고 불리는 '기후변화, 성층권 오존층의 파괴, 해양산성화'가 여기에 해당한다.

두 번째 범주는 지구 시스템의 근원적 복원력에 기여하는 더딘 지구 변인을 기반으로 하는 경계들이다. '토지 이용의 변화, 담수 소비, 생물 다양성 손실률, 질소·인에 의한 오염'이 여기에 해당한다. 이들은 전 지구 차원의 변화가 아니라 지방·지역 차원의 문턱값과 관련이 있다. 지구 시스템에 미치는 악영향의 충격을 완화하고 그 시스템의 복원력을 강화하는 과정으로 본다.

세 번째 범주는 인간이 야기한 두 가지 위험, '화학물질에 의한 오염, 대기오염 혹은 에어로졸 부하'와 관련된다.

행성 경계

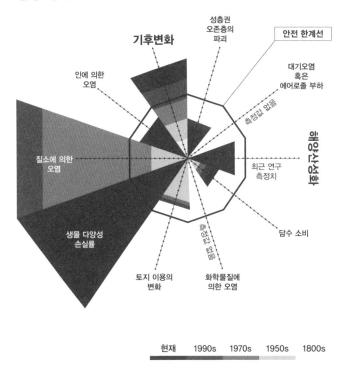

출처 : 'Planetary boundaries tipping points', 2015. 11. 6.
https://meadowcreekvalley.wordpress.com/2015/11/06/planetary-boundaries-tipping-points/

지방·지역·세계 차원에서 지구 시스템과 인간 건강에 가하는 위험이 상당하지만 수많은 과정과 복잡하게 얽혀 있는 탓에 아직껏 안전한 위험 한계를 설정하지는 못한 경계로, 더 많은 연구가 필요하다.

여섯 번째 대멸종

《지구 한계의 경계에서》는 이러한 행성 경계 논의에서도 지구 상태를 유지하는 데 가장 중요한 요소는 '생물 다양성과 기후 시스템'이라 지적하며, 이것을 '핵심경계'라고 부른다. 그러나 '거대한 가속'에 놓인 환경에는 전례 없는 수준의 '네 가지 압박'이 유감없이 그 파괴력을 발휘하고 있다. '세계 인구, 기후변화, 생태계의 붕괴, 그 외 예기치 않은 놀라운 사건들'이 그것이다. 또한 위에 언급한 아홉 가지 경계 가운데 '기후변화, 생물 다양성 손실률, 토지 이용의 변화, 담수 소비, 질소·인에 의한 오염'의 다섯 가지가 이미 한계를 넘어 위험지대에 들어섰다.

특히 생물 다양성이 위험 한계를 넘어섰다. 종이 너무 빨리 손실되고 있다. 더욱 염려스러운 것은 최상위 포식자, 즉 먹이사슬 상층부에 포진한 종의 손실이다. 이것은 중요한 티핑 포인트를 건드리며 자연의 생명유지 장치 전반을 삽시간에 변화시킨다. 종의 상실은 다른 경계들과 달리 회복이 불가능하다는 점에서 유독 비극적이며, 한 번 사라진

종은 영영 되살릴 수 없다. 그럼에도 불구하고 멸종 문제는 기후변화보다 더 체감하기 어려운 것이 현실이다.

2020년 6월에 미국 스탠퍼드 대학교 폴 에를리히 교수와 국립 멕시코자치대학교 생태학연구소 제라르도 케발로스 박사 연구팀은 국제학술지 〈미국립과학원회보PNAS〉에서 "지금 여섯 번째 대멸종이 진행되고 있다"고 단언했다. 현재 육지 척추동물 500종 이상이 멸종 직전에 놓여 있으며, 이는 대체로 생물 다양성 중심지에서 인간이 활동을 함으로써 발생한 것이라고 밝혔다.[8] 토머스 베리와 브라이언 스윔이 함께 쓴 《우주 이야기》에서는, 현재 멸종은 중생대 말기 이후 비교할 수 없는 규모로 일어나고 있기 때문에 우리가 이미 6,500만 년에 달하는 지구 생물계의 신생대 시대를 끝내고 있다며 다음과 같이 말했다.

인간은 지금 지구 생명 체계에 대한 광범위한 통제권을 넘겨받았고, 그 결과 미래는 예전엔 결코 꿈도 꾸지 못했던 정도로 인간의 결정에 따라 좌우될 것이다. 우리 인간은 어떤 생물종이 생존할 것인지 혹은 멸종할 것인지를 결정하고 있다. 우리는 흙과 공기와 물의 화학적 조성을 결정하고 있다. 우리는 야생지역이 그들 나름의 자연스러운 모습으로 기능하도록 허용해주는 지도도 그리고 있다.

더 큰 문명

연초 실리콘밸리에서 보내오는 이메일 뉴스레터에 '2021년 키워드, 문명적 전환'이라는 제목의 기사가 실렸다. 생태학 영역에서는 생태문명으로의 전환을 자주 거론하지만, 이 기사를 보고는 '문명 전환'이라는 말이 이미 사회 여러 분야에서 일반화되고 있음을 실감했다. 문명적 전환이라는 인식이 세계적으로 번지고 있다. 문제는 문명이 무엇일까 하는 것이다.

문명은 원래 세계보다 작고 국가보다 큰 단위였다. 그 구분은 주로 지배자, 즉 주체와 생산양식, 주 에너지원에 의해 결정되었다. 산업문명은 인간(시민)이 주체이고, 대량 생산체제와 기술혁신, 석유 에너지원이 특징이다. 그리고 세계적 규모로 일반화된 최초의 문명이다. 이 문명이 다른 문명으로 전환을 꾀할 때 가장 중요한 문제는 '에너지 전환'이다. 그러나 현재 우리가 맞닥뜨린 위기 상황의 근본 원인에 대한 통찰이 우선해야 할 것이다.

우리는 과거에 '큰 지구' 속 '작은 세계'에서 살았지만 이제 '작은 지구'에 상당한 영향력을 행사하며 '큰 세계'에서 살아간다. 인류는 역사에 대한 기존 인식으로는 따라잡을 수 없을 만큼 너무나 새로운 시간과 공간 속에 처해 있다. 공간의 위험경계선을 지켜야 하는 문제가 절박해졌다. 이제까지 없었던 새로운 접근이 필요하다. 지금의 세계화

문명을 넘어 지구의 지질학적 시대 차원에서 인간의 손바닥 안에 들어온 지구를 관리해야 하며, 지구와의 상호 증진적 관계를 새로이 조망해야 한다. 이 같은 새로운 세계관의 구축을 위해 필요한 조건을 나열해본다.

1. 문명의 시공간적 좌표는 전 지구적이며 지질학적 시대로 바뀌었다. 이것은 지난 문명 분석 방식으로는 담아낼 수 없는 범주의 전환이다.

2. 지질시대의 깊은 시간 속에서 행성 경계의 안정적인 생존공간을 유지하며 지구 시스템을 관리하는 스튜어드십이 요구된다.

3. 새로운 문명은 필연적으로 지구와 생명 시스템의 범주가 산입되어야 한다. 전 인류와 지구가 참여하는 '더 큰 문명'이어야 하며, '전 지구적'이며, '지질학적'이라는 특징에서 출발해야 한다.

4. 지구와 인간의 관계에서 더 큰 문명의 주체, 생산양식, 정치·사회·문화 모든 것을 깊이 성찰하고 새로 구축해야 한다. 《지구 한계의 경계에서》에서 록스트룀 등이 말한 바, "지구기후, 지구물리학, 대기, 생태 과정들의 진정한 작용을 존중하는 새로운 발전 패러다임, 인류 번영과 경제 발전이 복원력 있고 안정적인 지구라는 안전한 운용 공간 내에서 이뤄지는 그런 패러다임" 말이다.

석유경제의 두 얼굴

가속화된 직선적 성장과
더 큰 순환의 균형점을 잃지 않고
성찰하는 능력을 지닌
인간다운 세계를 구축할 수 있을 것이다.

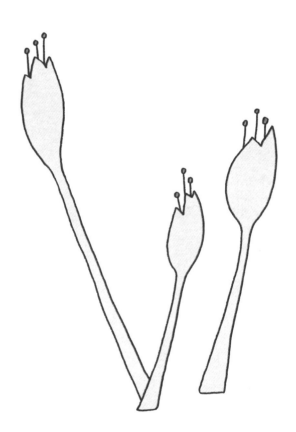

'4차 산업혁명'이란 빅데이터, 인공지능, 로봇공학, 사물 인터넷 등 보다 진전된 정보기술 혁신을 기반으로 한 디지털 세계 구축을 가리킨다. 보통 1차 산업혁명은 18세기 후반부터 19세기까지 증기엔진을 기반으로 한 생산기술의 큰 변화를 가리킨다. 16세기 중엽 이후 목재 자원이 고갈되어 연료 위기가 닥치자 이를 극복하기 위해 기술을 혁신해 새로운 에너지원인 석탄을 활용하기 시작했다. 2차 산업혁명은 19세기 후반부터 20세기 초에 이르기까지 대량 생산체제를 완성하는 등 기술의 비약적 진보를 이루었다. 이때의 주 에너지원은 전기와 석유다. 그리고 1980년대의 컴퓨터와 인터넷 기반 정보화를 3차 산업혁명으로 보았다. 4차 산업혁명론은 그 이후의 기술 발전을 다루는 논의다.

그런데 지금까지의 4차 산업혁명론에는 에너지 논의가 빠져 있다. 따라서 앞으로 4차 산업혁명을 거론할 때는 기술혁신뿐 아니라 반드시 에너지 전환 문제를 통합해야 한다.• 4차 산업혁명론과 ESG, 그린 뉴딜 등 에너지 전환에 따른 대안을 따로따로 논의하는 것은 혼란을 낳는다. 에너지 전환과 넷 제로 시대 도래가 산업의 성격과

• 현재를 4차 산업혁명 시대라고 이름붙이는 데는 이견이 있다. 제러미 리프킨 역시 커뮤니케이션 기술과 에너지 체계를 기준으로 현재 상황을 4차가 아닌 3차 산업혁명이라고 주장한다.

형태를 바꿔놓는 최우선적 조건이다. 기술혁신은 에너지 전환과 일관성 있는 정책 및 체제로 수렴되어 새로운 문명으로 방향을 틀어야 한다.

국내총생산과 이산화탄소 배출량

경제성장 척도로 사용하는 국내총생산GDP 지표는 노벨 경제학상 수상자 사이먼 쿠즈네츠가 1934년 뉴딜 정책 평가를 목적으로 개발했다. '거대한 가속' 그래프(본문 47쪽)에서도 확인되듯이 GDP, 인구 등 문명을 이루는 각종 물질적 수치는 1차 산업혁명 시기인 18세기 후반부터 성장한다. 그런데 19세기에는 완만한 증가세에 그치다가 20세기 초중반부터 파죽지세로 성장하면서 거대한 가속을 보인다. 놀라운 것은 GDP 성장 추세와 정확히 일치해서 이산화탄소 배출량, 기온 상승, 여기에 더해 인구 증가가 매우 일치된 가속 상승세를 보인다는 점이다. 본문 66쪽 위 그래프에서 보듯, 세계 평균 기온은 1980년대에 홀로세의 안정 기온을 벗어났음을 확인할 수 있다.

2차와 3차 산업혁명 시대의 주인공은 앞서 말했듯 화석연료와 석유화학산업이었고, 그 위력 때문에 '석유 패권'이라는 용어까지 생겼다. 석유 패권은 이후 여러 전쟁을 비롯한 세계적 불화의 원인이 되었다. 우리는 성장 경쟁과 전쟁 및 정치체제 변화, 민주주의와 인권의 신장을 겪는 동안 지구 환경이 결정적으로 나빠지고 있음을 자각하지 못했다.

국제 비영리 환경기구 탄소공개프로젝트CDP는 2017년 '주요 이산화탄소 배출원 데이터베이스' 보고서에서 산업혁명 이후 배출된 세계 온실가스 923기가톤 중 52퍼센트를 전 세계 100개 에너지 기업이 배출했다고 발표했다. 이것만 보더라도 석유경제의 엄청난 위력을 실감할 수 있다.

이산화탄소를 포함하는 온실가스는 지구에서 중요한 역할을 하는 대기권의 한 요소다. 온실가스는 대기의 2퍼센트에 불과하지만, 지표면에 도달한 태양광선의 복사열을 품었다가 대기에 다시 분배한다.

온실가스는 지구에 생명이 살 수 있게끔 균형추 역할을 한다. 이 균형이 파괴되면 지구에는 생명이 살 수 없다. 온실가스 농도가 진해지면 보유하는 열이 많아져 지구 표면이 뜨거워진다. 기후가 급격하게 변할 가능성이 커진다. 우리는 지금 그런 뜨거운 지구에 살고 있다.*

• 퓰리처상 수상자이자 에너지 전문가인 대니얼 예긴은 《2030 에너지전쟁》에서 "'균형'은 기후변화의 핵심 문제"라고 강조했다.
이 책에 따르면 일찍이 1894년 스웨덴의 화학자 스반테 아레니우스가 이산화탄소가 기후에 영향을 미치는 지구온난화를 예측했다. 다만 당시로서는 지구온난화가 3,000년이 걸릴 문제라고 생각해서 크게 걱정하지 않았다고 한다.

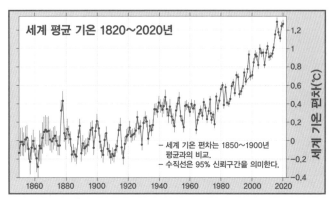

출처: http://berkeleyearth.org/global-temperature-report-for-2020/

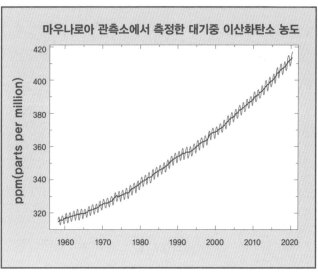

출처: NOAA Global Monitoring Laboratory

기후변화의 의제화

제2차 세계대전을 치른 후 미국 정부는 날씨의 전략적 중요성을 깨닫고 1957년부터 1958년까지 아이젠하워 대통령의 지휘 아래 기후변화에 관한 프로젝트를 수행했다. 이 프로젝트에서 찰스 킬링이 1958년부터 하와이 마우나로아 산 관측소에서 대기 중 이산화탄소량을 측정한 '킬링 곡선Keeling Curve'(본문 66쪽 아래 그래프)을 만들었다. 킬링 곡선은 기후변화에 관한 현대적 논의와 에너지 체계의 추진 방향을 바꾸었다.

킬링의 탄소 연구가 지닌 함축적 의미는 정책 집단으로 파급되기 시작했다. 1965년에 린든 존슨 대통령의 과학자문위원회가 펴낸 자료는 부록으로 기후변화를 언급했다. 1969년에는 닉슨 대통령의 자문위원 대니얼 패트릭 모너헌이 행정부가 기후변화에 개입해야 한다는 보고서를 작성했다.

1980년대에 채취한 빙하 코어ice core는 기후변화학에 결정적 증거를 제시했다. 방사성탄소측정법으로 빙하에 갇힌 수천 년 전 대기의 기포 연대를 측정한 결과, 산업화 이전 탄소 농도는 275~280ppm으로 몹시 낮았다는 사실이 밝혀졌다.

1960년대 후반 하버드 대학교에서는 아이젠하워 대통령 당시 기후 프로젝트를 수행한 로저 르벨이 강의를 했는

데, 앨 고어 전 미 부통령도 이 강의를 들은 학생 중 한 명이었다. 앨 고어는 이후 1980년대에 상원의원이 되어 기후변화를 정치적 의제로 만들었다.

이러한 움직임 속에서 의미 있는 성과로 꼽을 수 있는 것은 1988년 11월 세계기상기구와 UN환경계획UNEP이 '정부간기후변화협의체IPCC, Intergovernmental Panel on Climate Change'를 출범시켰다는 사실이다. 1990년 10월에 제1차 평가보고서를 UN에 제출했고, 이는 브라질 리우에서 1992년 '지구 정상회의Earth Summit'(리우회의)라고도 불린 UN 인간환경개발회의를 개최하는 계기가 되었다.

석탄은 수억 년 전 거대한 열대 밀림 지대를 이뤘던 식물이 매몰되어 변형된 것이고, 석유는 주로 따뜻한 바다에 살았던 미생물의 잔해라고 알려져 있다. 생물의 순환 고리 중 하나의 형태인 것이다. 인간의 화석연료 사용은 이 같은 지구 역사 속 생물의 순환을 깨뜨렸다.

우리가 현재 쓰고 있는 석유, 석탄 등 에너지를 비롯하여 고등문명을 이루는 데 필수적인 요소들은, 지난 45.6억 년 동안 지구 진화를 통해서 단 한 번밖에 만들어지지 않은 겁니다. 그러니까 석유를 다시 만들려면 45.6억 년을 기다려야 합니다. 그런데 우리는 이것을 단 몇백 년 만에 고갈하고 있습니다. (…) 지구는 지난 수십억 년 동안 생명과 함께 진화해온 덕분에 고등문명이 가능해진 겁니다.

_이상묵 서울대 지구환경과학부 교수,
'지구와사람' 5주년 기념 '생명과 공동체의 미래' 콘퍼런스에서

우리는 이 지구의 지질시대에 오랜 시간 살아왔던 생물들의 헌신을 받아 살고 있다. 지구와 생물의 순환에 대한 인식이 에너지와 경제에 대한 사고와 결합될 때라야, 가속화된 직선적 성장과 더 큰 순환의 균형점을 잃지 않고 성찰하는 능력을 지닌 인간다운 세계를 구축할 수 있을 것이다.

모든 게 데카르트로부터?

과학적 세계관은 어떻게 자연을 통째로
배제할 수 있었을까? 이 질문이야말로 현재
우리가 부닥치고 있는 산업문명의 위기를
풀어가는 열쇠가 될 수 있다.

과학기술과 화석연료의 결합을 기반으로 거침없이 달려오던 우리 문명은 전염병, 기후위기 등 복합적 부작용을 맞닥뜨리면서 이전과는 차원이 다른 심대한 모험을 하게 되었다. 개인이나 공동체의 삶은 과거에도 고난과 핍박 속에 더 나은 차원으로 길을 내오는 과정이었다. 다만 과거에는 자연 안에서 인간의 역사를 엮어나가는 일이었고, 한 지역에서 어려움을 겪으면 다른 곳을 찾아나설 수 있었다.

하지만 지금은 그 같은 과정의 막바지에 다다랐다. 지구 위에서 인간이 차지할 곳이 사막 외에는 더 이상 남아 있지 않다. 세계는 실시간 소통이 가능할 정도로 좁아졌다. 그래서 우리는 안으로 휘감기며 인간다움의 가치를 확장해나가는 한편, 밖으로는 행성 경계의 공간에서 지구와 친교하는 법을 다시 배워야 한다.

오늘날 산업문명은 화려한 만큼 위태롭다. 이 같은 산업문명의 딜레마를 낳은 중요한 원인 중 하나는 '과학적인' 세계관과 방법론이다. 산업문명은 과학에 기초한 최초의 문명이다. 과학에 기초한 세계관과 과학기술을 바탕으로 산업 체계를 이루었고, 이를 기반으로 모든 인간에게 보편적으로 적용되는 제도를 낳았다. 인간이 재발견되고 교육 수준도 높아졌다. 물질적 문화적 삶의 질도 혁명적으로 바꿰었고, 인간 존엄과 개인 사유의 존중이라는 합리적인 법체계가 탄생했다. 이렇게 개화하고 과학화한 시기에 인간이 스스로 지구를 망가뜨리고도 각성하지 못했다는 것은 의아할 지경이다.

산업문명 시대는 '근대'라고 불린다. 근대는 정확한 정의가 있다기보다 오랜 시간에 걸쳐 복합적 사건이 포괄적으로 엮이며 이어져온 개념이다. 근대로의 전환은 기존 시대와 뚜렷한 단절을 보이는 코페르니쿠스적 변화였다. 근대는 종교개혁, 인권과 민주주의, 법의 지배를 형성해가는 시민혁명, 과학혁명, 산업혁명이 복합적으로 서로 겹치며 녹아 있다.

가장 괄목한 만한 전환은 17세기 과학과 합리주의 철학의 발전에 의해 이루어졌다. 이어서 18세기 후반부터 산업혁명기로 접어들었다. 산업혁명은 '물질적 재화 생산에 무생물적 자원을 광범위하게 이용하는 조직적 경제 과정'이라고 정의된다. 이 '무생물적 자원'이란 자연을 가리킨다.

인간은 어떻게 자연을 무생물로 보고 광범위하게 동원할 수 있었을까? 근대정신의 완성판인 법은 인간을 주체로 보고 자연을 객체로 사물화했다. 과학적 세계관은 어떻게 자연을 통째로 배제할 수 있었을까? 이 질문이야말로 현재 우리가 부닥치고 있는 산업문명의 위기를 풀어가는 열쇠가 될 수 있다.

토머스 베리는 근대가 자연에 눈을 감아버린 뿌리 깊은 원인을 14세기 유럽의 팬데믹인 흑사병에서 찾는다. 이 역병은 단 한 번의 타격으로 유럽 인구 절반을 날려버렸다. 이후 런던 대역병이 있었던 1665년까지 300년에 걸쳐 수시로 출몰하며 헤아릴 수 없이 많은 사람의 목숨을 앗아갔다. 유럽 전체가 흑사병과 전쟁을 벌였지만 경험해보지도 알지도 못하는 적인지라 속수무책이었다. 당황할수록 도망칠수록 병은 퍼져만 갔다. 독일 역사가 에곤 프리델은 《근대문화사1》에서 흑사병이 사람들을 한층 더 오싹하게 만든 것은 그 경로를 예측할 수 없었던 점에 있었다고 지적한다.

《흑사병의 귀환》에서 수전 스콧은 흑사병을 '인류 역사상 최악의 비극'이라고 규정한다. 에곤 프리텔에 따르면 '검은 죽음' '집단적 사멸'이라고도 불린 흑사병은 자연에 대한 공포를 서구 사회에 깊이 각인시키면서 전통의 맥을 끊어놓았다. 흑사병으로 인해 세계관의 변화가 찾아와 문명의 패러다임이 바뀌었으니, 근대의 탄생기는 흑사병을 통해 규정될 수 있다는 것이다.

흑사병 발발의 결과 서구 문화의 전통에서는 자연을 맹렬하게 혐오하는 의식이 뿌리박혔다. 토머스 베리는 "데카르트 시대 이후 3세기 동안 서구 사회에서는 자연을 혐

오하는 의식이 증가했다"고 분석했다. 사망한 사람 수가 전체 인구의 3분의 1 혹은 2분의 1에 달하는 등 엄청났지만 당시는 질병에 대한 과학적 이해가 없었던 시대였기에, 자연을 극복하고자 하는 추동력으로 과학기술 발전이 중요한 계기를 맞았다. 이 세계를 '거룩한 곳'으로 보던 경향도 사라졌다. 막스 베버가 '탈주술화'라고 개념화한 과정이다.

지구 자체의 발전 과정을 연구함으로써 질병을 치유하려는 시대가 도래했다. 망원경과 현미경의 도움을 받아 하늘과 땅을 연구하게 되었다. 18세기 계몽주의 철학자들이 이성을 찬미하고 사회학자들이 인간 정신의 발전을 주장하는 경향이 이러한 과학적 진보를 도왔다.

자연과 인간의 이분법

유럽 사회는 팬데믹을 겪으면서 대전환을 이루었고, 이는 자연을 극복하려는 의지로 도약하는 길이 되었다. 그리고 무력한 신의 지배는 인간의 지배로 전환되었다. 영국 철학자 프랜시스 베이컨은 "인간은 '귀납적 추론과 적극적인 실험적 활동을 결합시킨' 방법으로 자연에 대한 지식을 키워서 인간의 지배력을 증대시키고, 과학은 인간의 복지를 위해 복무해야 한다"고 주장했다. 베이컨주의는 과학혁명에 강력한 이데올로기적 동기를 제공했다.

근대 과학의 아버지인 갈릴레오 갈릴레이는 과학적 연구 방법으로 수학적 법칙과 경험적 관찰 방식을 확립했다. 갈릴레오의 기하학적 물리학은 르네 데카르트에게 큰 영향을 주었고, 다시 데카르트는 영국의 과학자 아이작 뉴턴에게 많은 영향을 끼쳤다. 뉴턴이 만유인력의 법칙과 물체의 운동에 관한 법칙으로 자연을 설명하면서 천동설은 비로소 폐기되었다.*

데카르트의 영향을 받은 뉴턴의 세계관을 기계론적 세계관이라고 부른다. 자연은 물질이며 법칙에 의해 파악되는 기계와 같다고 보는 관점이다. 당시는 과학을 자연철학이라고 불렀다. 뉴턴의 기계론적 세계관은 고전적 과학법칙과 데카르트의 이분법적 사고가 결합된 것이다.

데카르트의 유명한 철학 명제 '나는 생각한다. 고로 존재한다Cogito ergo sum'는 철저하게 수학적으로 철학적 존재론에 접근했다. 지나치게 강박적이라고 느껴질 정도로 단언적인 명제이지만, 그만큼 우상과 미신, 자연에 대한 공포에서 벗어나 인간상과 인간 세계를 합리적으로 구축하고자 했던 시대의 진지한 노력의 산물이다. 수학적으로 확실하

* 우리나라에서도 18세기 후반 북학파 실학사상가 홍대용이 《의산문답》에서 천체 측정을 통해 지구자전설을 펼쳤다. 홍대용은 우주를 보면 무수한 행성이 있는데 지구만이 그 중심에 있다고 할 수는 없다며 기존의 지구 중심설에서 벗어나는 '무한우주론'을 피력했다.

지 않은 모든 현상적인 것과 불확실한 감각을 배제하다 보면 확실하게 남는 것은 지금 내가 생각하고 있다는 사실밖에 없다. 이런 결론은 필연적으로 정신을 물질과 분리된 실체로 보게 한다.

문제는 이렇게 정신과 물질을 분리함으로써 정신을 지닌 인간은 존재 가치가 있고, 정신이 들어 있지 않은 자연은 물질에 불과하다고 이해했다는 데 있다. 데카르트는 동물을 비롯한 자연은 자동적으로 움직이는 기계와 같다고 보았다. 당시의 수공품 시계를 예로 들어 자연은 다른 시계보다 좀 더 복잡한 형태의 시계에 불과하다고 주장했다.

많은 사람이 수백 년에 걸쳐 과학의 시대를 열며 이성적 사유를 정착시킨 과정을 설명하는 것은 내 역량을 벗어난다. 다만 뉴턴에 와서 지구 중심설이 종말을 맞았다는 것은 과학이 절대적 진리로 위치를 확고히 하는 시대 전환의 표식이 아닐까 짐작해본다. 비로소 자연을 상대할 자신감이 생겼고, 자연을 기계처럼 객관화해서 탐구하는 것이 가능해졌다.

기계론적 세계관을 구성하는 두 가지 요소 중 '과학법칙'은 검증과 발견에 의해 지속적으로 갱신되어왔지만, 과학과 결합해 큰 영향력을 발휘한 '사고의 이분법'은 지금까지도 크게 바뀌지 않고 근대적 사고방식의 토대로 남아 있다. 더구나 근대법이 이분법적 사고를 단단히 뒷받침하고 있다.

보통 기계론적 세계관에 의한 이분법적 사고를 환원주의라고 부른다. 환원주의는 대상의 부분을 분석함으로써 전체를 완전히 파악할 수 있다고 믿는 태도로, '전체는 부분의 합과 같다'는 산술적 원리다. 환원주의적 이원론은 방법론적으로 명쾌하고 세계를 객관화할 수 있는 유용한 도구이기 때문에 폐기하기가 어렵다.

20세기 들어 양자역학을 통해 관찰자와의 관계에서만 사물이 관찰될 수 있다는 불확정성의 원리가 제기되자 전체적(전일적)holistic 접근 방식이 힘을 얻기 시작했다. 전체론은 환원주의를 완전히 대체한다기보다 '환원주의가 전부는 아니다'라는 통합적 입장의 필요에 의해 대두된 것으로 봐야 할 것이다.

서양철학사에서 플라톤까지 그 뿌리를 거슬러 올라가는 이원론은 이렇게 데카르트에 이르러 생명과 정신의 연결을 일거에 잘라버리고 단순화시켰으며, 전체론적 저항이 계속 시도되었음에도 불구하고 지금까지 강력하게 유지되고 있다. 이분법에 의한 기계적 명확함으로 세상을 이해하는 세계관은 17세기 이후 산업혁명, 인본주의 발전과 맞물려서 거대한 패러다임의 전환을 이끌었다. 자연을 포함한 사물의 진정한 가치는 무시된 채 인간이 지배하고 활용하는 '경제적 가치'로 환산되었다. '인간 중심주의' 시대가 열렸다.*

* 이때 근대법은 중심적인 역할을 했는데, 주체를 자연인에서 법인으로까지 확장한 것이다. 그 시작은 1600년 영국 동인도회사였다.

2부

생명을 찾아서

자연의 죽음에 맞서

생명의 모든 수준에 있는 물질 내부에는
정신적인 것이 존재한다.
인간과 생물에게 있어
물질과 정신은 분리될 수 없다.

세계의 기계화는 자연의 죽음을 초래했다. 미국의 에코페미니스트 캐럴린 머천트는 《자연의 죽음》에서 "살아 있는 유기적 우주라는 이미지는, 자연을 죽어 있고 수동적이며 인간에 의해 지배되고 통제되어야 할 것쯤으로 구성하는 기계론적 세계관에 의해 뒷자리로 밀려났다"고 비판했다. 그리고 기계론적 세계관의 대안으로 전체론이라는 개념을 제시한다.

전체론이란 부분을 안다고 해서 전체를 다 이해할 수는 없다고 보는 입장으로, 영연방 철학자 잔 스머츠가 《전체론과 진화》에서 전체론의 기본적 특징을 정의하고, 기계론과의 차별화를 시도했다. 전체와 부분은 상호 영향을 주고, 또한 상호 결정된다. 스머츠는 자연을 그저 기계론적으로 설명하는 것은 불가능하고, 기계론적 자연 개념은 좀 더 넓은 전체론의 틀 속에서 정당성을 갖는다고 했다.

정신은 모든 생명의 특징적 현상

죽어버린 자연에 대해 생명의 관점으로 포괄적이고 깊이 있는 통찰을 보여준 학자로는 그레고리 베이트슨이 있다. 생물학자인 그는 생물학, 유전학, 인류학, 정신의학, 인공두뇌학, 시스템 이론 등을 아우른 하나의 조직 원리로서, 생명계에서 일어나는 현상을 이해하는 통합적 생태학을 연구했다.

그의 생명관은 1980년에 펴낸 《정신과 자연》에 잘 나타나 있는데, 생물을 서로 연결시키는 '메타 패턴meta pattern' 작업이 그것이다. 그에 따르면 생물이라는 전체적인 피륙을 짜는 데는 기계론적 논리학만으로는 부족하다. 생명계의 특징은 하나의 패턴이되 '차이'가 있는 세계이며, 생명이 없는 세계는 힘과 운동이 원인이 되는 세계다. 생명에는 발생과 성장 과정이라는 맥락context과 스토리가 패턴으로 나타난다.

물리학자 프리초프 카프라는 《탁월한 지혜》에서 베이트슨과의 직접적인 교류를 통해 이해한 그의 생명론을 전해주고 있다. 베이트슨은 생명은 논리학이 아니라 공통점을 발견해나가는 과정으로서의 '은유'가 적용된다고 했다. 풀과 인간은 논리적으로는 같은 존재가 아니지만 둘 다 죽는다는 점에서 동일하며, 그것은 패턴이다. 은유는 패턴을 표현해줌으로써 전체 생물계가 그 위에 형성되는 논리다.

베이트슨은 생물학적 형태가 부분이 아니라 '관계'의 결합체이고, 사람들이 사고하는 방식도 이와 같다고 한다. 인간이 본성적으로 시적 언어와 예술을 만들 수 있는 이유도 여기에 있을 것이다. 나는 맥락과 스토리야말로 생명을 정신을 지닌 존재로 차별화해주는 특징이라고 생각한다. 생명은 태어나고 성장해서 죽는 스토리를 갖는다.

베이트슨은 정신을 생물의 특징적 현상으로 보았다. 인간도 생명 세계의 일부이고, 인간의 정신은 자연계의 수많은 부분이 인간에게 생각으로 반영된 것이다. 그는 정신 현상이 일어날 수 있는 체계의 기준도 제시했다. 이러한 기준들을 충족시키는 체계는 어떤 것이든 정보를 처리하고 정신과 연관되는 현상, 즉 사고, 학습, 기억 등을 개발할 수 있다. 이것은 인공두뇌학과 시스템 이론으로 발전했다.

정신이란 유기체들이 뇌와 고등신경계를 발달시키기 오래전에 시작된, 생명의 복합성 때문에 필연적으로 만들어진 결과물이라는 지적이 중요하다. 자연도 정신적 존재다. 정신은 생명 현상의 한 측면이다. 정신이란 살아 있음의 정수다. 생명계의 조직 원리들은 그 본질에 있어 정신적이다. "생명의 모든 수준에 있는 물질 내부에는 정신적인 것이 존재한다." 카프라는 베이트슨의 생물학이 인간과 자연의 공통점에 주목해서 정신과 물질의 이원론을 처음으로 극복했다고 평가한다.

인식과 의식의 미스터리

생물이 자기조직적 존재임을 밝히는 연구도 이어졌다.

그 시초는 러시아 태생의 벨기에 화학자 일리야 프리고진의 자기조직화self-organization이론*이며, 뒤를 이어 산티아고 학파로 알려진 칠레 출신 생물학자 움베르토 마투라나와 프란시스코 바렐라는 생물이 스스로를 지속적으로 만들어내는 자기생성 조직autopoiesis organization이라는 것을 밝혀냈다. 두 사람의 공저 《앎의 나무》에 이 개념이 설명되어 있다.

자연自然은 '스스로 그러함'이라는 뜻이며, '자기조직'이란 자기를 스스로 조직하는 우주와 생물의 진화를 의미한다. 인간은 원래 자연을 이와 같이 이해해왔으나, 근대에 이르러 자연의 죽음을 맞은 후로 자연의 자기조직성을 새삼 과학적으로 정립하는 과정이 쉽지만은 않았던 것으로 보인다.

자기생성은 생물의 '자율성'을 가장 잘 드러내는 측면의 하나다. 생물은 조직의 유일한 산물이 자신이라는 점에서 생성자와 생성물 사이에 구분이 없다. 자기생성 체계의 존재와 행위는 나누어지지 않는다. 이것이 자기생성 조직의 특징이다.

자기생성적인 생물은 신경세포인 뉴런을 통해 감각과

* 복잡성과학이라고 하는데, 점균류 곰팡이를 관찰해 자기조직화 이론을 도출해냈다고 한다. 점균류 곰팡이는 영양분이 모자라면 서로 신호를 보내 수만 마리가 일제히 요동을 시작한다. 이를 통해 한곳에 모여 일정 수준에 도달하면 응집 덩어리를 형성하고 하나의 유기체가 되어 기어 다니면서 영양을 섭취한다. 이후 환경이 나아지면 흩어져서 다시 단세포 생물로 돌아간다. 이 같은 자기조직화 이론은 과학적인 측면에서뿐만 아니라 혁신을 주도하는 세계의 흐름 속에서 주목받는 이론이다.

운동이 연결되고, 인지적 활동이 나타난다. 생물의 인지적 활동은 인간의 인식 활동과 연결된다. 생물의 자기생성 이론은 생물과 인간 사이에서 인지 활동의 공통점과 일관성을 찾아냈다는 데 의미가 있다. 이렇게 전 생명과 인간이 연결된 형태는 '앎의 나무'로 묘사된다.

인지 활동에서 인간과 다른 생물이 일관성을 갖는다면, 그 차이는 '의식'에서 찾아야 할 것 같다. 의식이 무엇인가에 대해서는 다양한 의견과 논란이 있다. 의식이란 비유적 개념에 불과하며 모든 생명이 의식을 갖되 양식과 질적 차이가 있을 뿐이라는 견해도 있다. 의식과 생명 둘 다 자기를 조직화하고, 스스로 자아라는 것을 만들어낸다. 의식은 생명의 연속 과정에서 파악된다.

인간의 의식이 특별하다면, 그 이유는 '반성적'이라는 데 있다고 본다. 의식은 메타인지의 일종으로 의식에 대한 의식, 앎에 대한 반성적 사유를 가리킨다. 의식은 물질과 분리되는 정신이 아니라, 학습과 기억을 통해 연결되고 조직화된다.** 결과적으로 인간과 생물에게 있어 물질과 정신은 분리될 수 없다. 생명과 의식은 명백히 규명되지 않은 채 현재 연구가 진행 중인 영역이다. 우리는 아직 진행 중인 존재이며, 우리의 기원과 생명에 대해 명확히 알지 못한다.

** '지구와사람' 창립 5주년 기념 콘퍼런스에서 서울대 의대 이경민 교수는 "생명은 유기적 전체를 형성함에 있어서 주체이며 객체"라고 발표했다.[1]

외로운 하나의 점을 발견하다

인류가 처음으로 외계에서 지구를 목격한
순간이었다. 지구가 무한한 곳이 아니며
검은 우주에 외로이 떠 있는 손톱만 한 크기의
아름답고 연약한 행성에 불과함을 깨닫는
충격적이며 세기적 경험이었다.

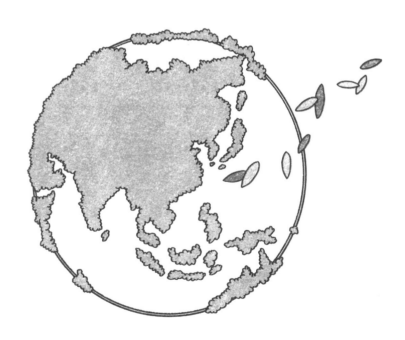

산업문명이 본격적으로 대두된 19세기 후반에 가장 눈에 띄는 사실은 '생태학ecology'이라는 용어의 출현이다. 1866년에 독일의 과학자 에른스트 하인리히 헤켈이 이 말을 처음 썼고, 1935년에 영국 생물학자 아서 탠슬리가 생태계ecosystem라는 용어를 도입해 생태학을 개척했다. 'ecology'는 '집'을 뜻하는 고대 그리스어 'oikos'와 'logos'의 합성어로, 직역하면 집(살림)에 관한 학문이라고 할 수 있다.

경제를 뜻하는 'economy'도 그 어원이 'oikos'와 법 규범을 뜻하는 'nomos'여서 원래는 '집안살림법'이라는 뜻이며, 그 내용이 생태학과 그다지 다를 바 없었다. 그런데 1875년 스코틀랜드 출신 경제학자 헨리 맥클라우드가 'economics'라는 학문 명칭을 주창하고 1890년 앨프레드 마셜이 《경제학 원리》라는 저서를 통해 일반화시키면서 economy가 지금과 같이 '경제'라는 의미로 자리 잡기 시작했다.[2]

같은 데서 출발한 두 용어가 19세기 후반에는 가장 거리가 먼 개념이 되었다가, 21세기에 와서는 지속가능발전목표SDGs나 ESG로 다시 통합되고 있으니 아이러니하다.

1967년 중세사학자인 린 화이트 주니어는 「생태위기의 역사적 기원」에서 '생태위기'라는 말을 물려줬다. 환경학의 고전인 레이첼 카슨의 《침묵의 봄》이 출간되고 5년 후의 일이었다. 린 화이트 주니어에 의하면 "과학적 지식이 자연에 대한 기술적 지배력을 의미한다"고 주장한 베이컨주의의 등장은, 농경의 발명 이후 인간의 역사 그리고 아마도 지구의 역사에서도 엄청난 사건이었다. 채 1세기도 지나지 않아 인류가 환경에 끼친 영향력이 너무 막강해져 지구에 본질적인 변화가 일어났기 때문이다.

그는 지구 환경 파괴가 서양 중세 세계에 뿌리를 둔 역학적 기술과 과학의 산물이라고 보았다. 특히 그는 서구 문명을 떠받치고 있는 그리스도교가 인간을 창조의 중심에 세우고 자연을 지배하도록 부추김으로써 과학기술 시대에 접어들어서도 세계관의 변화를 어렵게 만든다고 보며, '세계관의 근본적인 변화'가 필요하다고 주장했다. 그의 혹독한 그리스도교 비판은 '화이트 논쟁'이라 불릴 만큼 파란을 일으켰다. 인간이 자연을 활용함으로써 빚어낸 경제와 사회체제 문제의 원인을 뿌리 깊은 서구 세계관에서 찾는 화이트의 방법론은 1970년대 이후 현재까지 이어지고 있다.

살충제 DDT의 해독성을 고발한 《침묵의 봄》은 환경운동의 효시로서 린 화이트 주니어뿐 아니라 모든 사람에게 커다란 영향을 미쳤다. 산업 발전에 따른 기술 사용이 예상

하지 못할 만큼 광범위한 자연 파괴를 불러오는 데 대한 경
각심을 불러일으켰다.

특히 1968년에는 여러 의미에서 인류 사회 깊은 내면으
로부터 꿈틀대고 튀어오르며 문명의 판을 뒤흔드는 역동적
움직임이 연이어 일어났다. 그해 12월 24일 최초의 유인 달
탐사 우주선 아폴로 8호가 '지구돋이Earthrise'를 온 세계 사
람들에게 전송했다. 달 주위를 돌다가 우주 공간에 잠겼다
떠오르는 반달 모양의 지구를 찍은 사진이었다. 인류가 처
음으로 지구를 바라본 순간이었다. 지구가 무한한 곳이 아
니며 검은 우주에 외로이 떠 있는 손톱만 한 크기의 아름답
고 연약한 행성에 불과하다는 사실을 깨닫는 충격적이며
세기적 경험이었다.* 사람들에게 지구
의 소중함을 되새기게 하고 그만큼 지
구를 아껴야 한다는 깊은 심정적 공감
을 불러일으켰다.

• 이 사건은 1987년의 UN 공
식보고서 「우리 공동의 미래」
도 '사고의 코페르니쿠스적 전
환'이라고 평가했다.

이 특별한 경험과 공감은 1970
년대 환경운동의 원천적 동인이 되었다. 천문학자 칼 세이
건은《창백한 푸른 점》에서 이렇게 말했다.

우리가 사는 지구는 우리를 둘러싼 거대한 우주의 암흑
속에 있는 외로운 하나의 점입니다. 그 광대한 우주 속에
서 우리가 얼마나 보잘것없는 존재인지 안다면, 우리가

스스로를 파멸시킨다 해도 우리를 구원해줄 도움이 외부에서 올 수 없다는 사실을 깨닫게 됩니다. (…) 적어도 가까운 미래에 우리 인류가 이주할 수 있는 행성은 없습니다. (…) 제게 이 사진은 우리가 서로를 더 배려해야 하고, 우리가 아는 유일한 삶의 터전인 저 창백한 푸른 점을 아끼고 보존해야 한다는 책임감에 대한 강조입니다.*

• '창백한 푸른 점'은 1990년 2월 14일 무인 우주탐사선 보이저 1호가 촬영한 지구의 사진이다. 칼 세이건은 보이저 1호 탐사프로젝트에 참여했다.

지구의 날 제정

1969년에는 미국 캘리포니아 주 산타바바라에서 해상 기름 유출 사고가 발생했다. 10만 배럴의 원유가 바다로 유출되어 인근 바다를 검게 오염시켰다. 역사상 최악의 기름 유출 사고로 기록된 이 사건은 '지구의 날Earth day'을 제정하는 직접적 계기가 되었다.

1970년 4월 22일 하버드 대학생 데니스 헤이즈가 앞장 서서 주도한 첫 지구의 날 기념행사에는 미국 역사상 최대 규모인 2,000만여 명이 모였다. 그들은 연설을 경청하고, 토론회를 개최하고, 환경을 깨끗이 하기 위한 실천적인 행동에 앞장섰다. 뉴욕 5번가에서는 자동차 통행이 금지된 채 센트럴파크에서 환경 집회가 열리기도 했다. 지구의 날 행사는 전 세계에 영향을 미쳤다. 미국에서는 최초로 대기오염방지법이 통과되었고, 환경보호국이 설립되었다.

　지구의 날을 기념하는 첫해 행사가 사상 최대 규모 집회로 번진 데는 반문명운동이 전반적으로 거대한 흐름을 이루던 시대적 배경이 작용했다. 20세기 초중반 세계대전을 겪은 후 거대한 석유화학산업 시대로 재편되는 혼란스러운 세계적 변화 속에서, 모든 것에 근본적으로 의문을 제기하고 대항하는 일련의 강력한 움직임이 형성되었다.

　공동체 생활과 상호 부조를 추구한 프랑스 대학생과 노동자 신좌파 그룹의 아나키즘(1968), 미국의 베트남 전쟁(1964~1975) 반전 운동과 히피 문화, 중국의 문화대혁명(1966~1976), 그리스와 포르투갈, 스페인 등의 독재체제 붕괴, 프라하의 봄(1968) 등 전 유럽과 미국, 아시아에 걸쳐 격렬한 흐름이 일어나 서로 영향을 주고받았다.

　이 시기 '68운동'을 통한 청년 학생들의 저항은 서구 산업사회의 민주적 제도 질서에 도전했고, 정당과 중간 집단의 대표권 독점에 의문을 제기했으며, 대항권력과 대항여론의 기치를 들고 그 독점에 맞섰다. 그들의 슬로건 가운데 하나인 '상상력에게 권력을'은 파리 오데옹 극장의 담벼락에서 나와 순식간에 국경을 넘어갔다. 그것은 서구 사회의 합리화 과정이 띤 통속적 경향성에 문제를 제기하고, 현대적인 삶의 태도 및 그 태도가 규정하는 정치·경제·사회·문화적 질서에 질문을 던진 하나의 기획이었다.[3]

68운동의 특징은 대항문화Counter Culture로서의 크기와 깊이를 안고 있었던 최후의 운동이었다는 데 있다. 여기서 부터 현대의 각종 이슈가 터져나왔다. 생태운동과 평화운동, 인종문제와 인권운동, 페미니즘, 녹색당 운동이 그것이었고, 이들의 주제가는 록 음악이었다. 히피의 상상력과 자유로움은 오늘날 실리콘밸리 기술혁신의 원천으로 작용하고 있기도 하다.[4] 기존 제도와 가치에 대한 히피의 저항 정신은 자연스럽게 서구 문명을 지탱하고 있는 그리스도교에 대한 거부로 이어지고, 일본의 선禪불교, 인도의 힌두교 등 아시아의 사상과 북미 인디언문화를 받아들여 뉴에이지를 형성했다.

이러한 시대적 움직임은 1972년 최초의 국제 환경회의인 UN 인간환경회의UNCHE에서 '스톡홀름 선언'을 이끌어낸다. 이 선언은 인간 환경의 개선과 보존을 위한 '환경권'을 인간의 기본적 권리라고 선언했고, UN환경계획UNEP이 신설되는 계기를 제공했다. '미래 세대'를 위한 환경보호와 개선의 책임을 선언한 것도 주목할 만하다. 우리나라도 1980년 제8차 개정헌법 35조에 "모든 국민은 건강하고 쾌적한 환경에서 생활할 권리를 가지며, 국가와 국민은 환경보전을 위하여 노력하여야 한다"는 환경권을 신설했다.

생명의 가치 선언

생명은 부분의 합 이상이다. 새로운 생명에 대한 사유는 '상호 연결, 관계, 맥락'의 개념에서 바라봐야 한다.

생태학은 원래 가치중립적 학술 용어였다. 생태학이 인간과 자연의 관계를 질문하는 의도로 쓰이기 시작한 것은 1970년대 열병과 같은 시대 분위기에 힘입은 결과로 판단된다. 1973년에는 노르웨이 철학자 아르네 네스가 자연과 인간의 관계에 대한 근본적 가치관을 담은 이론을 '깊은 생태학(심층 생태학)deep ecology'이라고 부르기 시작했다. 깊은 생태학은 자연을 환경과 다른 개념으로 설명하는 최초의 시도였다. 환경이 인간과 연관된 주변을 가리키는 것이라면, 깊은 생태학은 자연 그 자체의 가치에 주목했다.

네스는 25세부터 멀리 산중 2,000미터 고도에 오두막을 짓고 산 특이한 사람이었다. 간디의 비폭력주의와 네덜란드 철학자 스피노자의 영향을 많이 받았다. 스피노자는 데카르트와 동시대 철학자로, 전체론을 주창해서 현대 생태학에 커다란 영향을 끼쳤다. 레이첼 카슨의 《침묵의 봄》은 네스가 생태운동에 뛰어드는 계기가 되었다.

네스는 자신이 창간한 학제 간 철학 연구지 〈인콰이어리〉에 「표층 생태운동과 심층적이고 멀리 보는 생태운동」이라는 논문을 발표했는데, 이 글이 깊은 생태학의 효시가 되었다. 공해와 자원 고갈 반대 투쟁이 사람들의 건강과 풍요만을 목표로 한 얕고 표층적인 생태운동에 해당한다면, 깊은 생태학은 '다양성, 복잡성, 자율성, 분권화, 공생의 원칙과 무계급 평등주의'를 더 깊이 고려한다.

다양성은 생존의 가능성, 새로운 형태의 삶의 기회와 풍요로움을 증진시킨다. 복잡한 관계 속에서 공존하고 협력하는 능력을 지닌 강력한 생태학적 원리다. 생태평등주의와 공생의 원리는 개발도상국과 선진국 사이 분쟁을 포함한 어떤 집단 간 충돌에서도 갈등 해결에 힘을 발휘한다.

미국의 환경학자 빌 드발과 조지 세션즈는 1985년에 《깊은 생태학》이라는 책에서 심층 생태론의 공통된 특징인 여덟 가지 개념을 강령화했다. 그 핵심은 "생명은 인간에게 유용한가와는 별개로 고유한 가치를 가진다"는 것과 "인간에게는 생명 유지를 위해 필요한 경우를 제외하고는 생명의 풍요로움과 다양성을 감소시킬 권리가 없다"는 데 있다. 기계적 사물로 취급된 자연의 가치 복원이라는 점에서 새로운 생태학의 기원을 이룩했다.

네스는 생태학적 조화와 균형에 대한 철학을 '생태지혜ecosophy'라고 했다. 아무리 많은 과학 지식을 얻어도 과학의 이용이 초래한 결과를 알지 못하면 무지가 증가한다. 전체적 시각으로 올바른 질문을 던져야 하며, 생태 문제의 사회적 뿌리를 찾기 위해 보다 근본적인 해결책을 제안하는 작업이 필요하다. 예를 들어 생태적인 이유만으로 거대하고 불필요한 고속도로 건설공사를 비난하는 것은 더 이상 충분치 않다. 대안적인 교통 체계에 대한 빈틈없고 잘 연구된 권고가 뒤따라야 한다.

생명 시스템 이론

아르네 네스가 제창한 깊은 생태학의 계보를 잇는 대표적인 과학자로 프리초프 카프라를 들 수 있다. 카프라는 과학을 통해 기계론에 반기를 들고 생명 시스템 이론을 구축했다. 1966년 오스트리아 빈 대학교에서 이론물리학으로 박사학위를 받은 그는 당시 68운동과 뉴에이지를 경험했다. 특히 양자역학자 베르너 하이젠베르크로부터 깊은 영향을 받았다.

카프라의 《탁월한 지혜》에 따르면 하이젠베르크는 인도 시인 타고르와 나눈 대화를 통해 물리적 실재의 본질적 일면인 상대성, 내적인 연관성, 비영구성이 인도의 전통적 인식과 공통된 것이란 점을 이해했다.

양자역학은 기계론적 물리학이나 논리적 추리로 해결할 수 없고 새로운 원자적 실재atomic reality에 대한 각성을 통해 이해해야만 하는 것들이 있음을 밝힌 이론인데, 아시아의 전통사상이 그와 매우 유사하다는 것이다. 불교의 선禪이나 도교와 같은 아시아 사상은 사유를 중단하고 실재에 대한 비언어적 경험과 관찰을 통해 깨달음을 얻는 과정이다. 아시아 사상과 양자역학은 모든 현상의 상호 관계와 상호 의존성, 실제의 역동성이라는 기본 주제가 공통된다.•

카프라는 그레고리 베이트슨의 영향을 받아 '물리학을 기반으로 한 사고'에서 '시스템 사고'로의 전환을 통해 생명 시스템 이론 연구를 지속했다. 그의 주제는 두 가지로 압축된다. 그 하나는 '데카르트적 패러다임'에 해당하는 근대 이원론 철학과 뉴턴의 기계론적 고전과학을 극복해야 한다는 것이다.[5] 또 한 가지는 생명을 자연과 인간 모두를 통틀어 일관된 시스템으로 해석하고, 이 시스템 이론을 사회 구조에도 적용해서 생명 시스템에 적합한 사회를 지향하는 것이다.

2016년에는 생화학자 피에르 루이기와 공동으로 《생명의 시스템적 관점》을 펴냈다. 이 책은 생명에 관한 과학과 인접 과학의 역사, 시스템 이론의 역사 모두를 집대성했다. 핵심은 '생명은 부분의 합 이상'이라는 전체론이다. 생명조직은 상호 관계의 종합이고, 관계의 조직화가 더 복잡

• 카프라는 특히 도가를 높이 평가했다. 이 같은 시각에 영향을 미친 영국의 과학사회학자 조지프 니덤은 "기계론적 과학관은 이미 낡았고, 미래는 유기체론의 관점을 취할 것"이라고 보았다. 니덤은 1957년 캐나다-아시아 연구협회 회의에서 "문제는 장차 인류가 과학과 기술의 '판도라 상자'에 대해 어떻게 대처할 것인가다. 여기에 대한 대답은 간략하게 말해 동양의 사상을 살펴보는 것"이라고 말했다.

한 생명 단계의 구조로 진전을 이루면서 시스템을 형성한다. 이전 단계가 다음 단계로 이행할 때 단순한 부분의 합보다 더 큰 새로운 전체가 생성된다. 생명 시스템은 조직의 각 부분, 조직, 그리고 조직들의 상호 관계로 구성된다. 따라서 새로운 생명에 대한 사유는 '상호 연결, 관계, 맥락'의 개념에서 바라봐야 한다.

생명은 각 종이 점진적으로 차이를 빚어낸 거대한 진화의 연속체다. 인간 역시 모든 생명과 연관되어 오랜 역사적 경로를 통해 만들어진 궁극적 결과물이다. 인지cognity도 통합적인 생명 시스템의 한 파트. 인간의 지식욕과 자연을 정복하고자 하는 욕구, 자연을 이해하고자 하는 추구는 400만 년 전 시작된 두뇌의 진화로부터 촉발되었다. 카프라는 '파트너십'이라는 용어를 통해 인간 공동체가 생태계의 지속가능성을 위해 다른 비인간 공동체들과 상호작용해야 한다고 주장했다.

시스템 이론은 원래 1940년대 생물학자 루드비히 베르탈란피가 제안했다. 기계론적 과학관은 사용할 수 있는 자원과 공간이 제한된 상태의 '닫힌 체계'이기 때문에 진화라든가 '에너지는 엔트로피가 증가하는 방향으로 흐른다'는 열역학 제2법칙 등 복잡계 과학을 설명하지 못한다. 따라서 세상을 에너지와 물질이 계속적으로 흐르는 '열린 체계'로 봐야 한다는 것이《생명의 시스템적 관점》의 설명이다.

불교의 연기론과 사이버네틱스

깊은 생태학의 계보를 잇는 시스템 이론가 조애너 메이시는 불교의 연기론緣起論, dharma을 생태학에 도입했다. 《불교와 일반 시스템 이론》에서 그는 모든 현상의 상호 의존성을 설명하며 "진리의 실체는 따로 있는 게 아니라, 사물들이 상호 작용하면서 일어나고 변화해나가는 그것이 실재이며 진리"라면서 다음과 같이 말했다.

실재는 의존적으로 함께 발생하는 것으로, 또는 본성상 시스템적인 것으로 간주되기 때문에, 개별적인 모든 행동은 보다 큰 생명의 연결망에 영향을 주는 것으로 이해되며, 발전의 과정은 다차원적인 것으로 파악된다. 어떤 사람의 개인적인 깨달음은 그 사람의 마을의 깨달음에 불가결한 것이며, 양자는 그 사람의 국가의 깨달음과 세계의 깨달음에 불가결한 역할을 한다. 이들 발전은 상호 의존적이기 때문에 순서대로, 즉 선형적으로 일어나지 않고, 동시발생적으로 변화시키면서 나타난다.

불교는 물질과 의식을 상호 발생하는 것으로 본다. 조애너 메이시는 물질과 의식의 내부적 관계를 융합하는 '상호 인과율' 이론이 환원주의와 전체론에 대한 제3의 선택이 될 수 있다고 봤다. 개인과 공동체도 상호 의존한다. 붓다는 정치제도마저도 연기법에 따르는 무상한 것으로 보왔다.

붓다가 설립한 교단인 상가Sangha는 계급과 신분의 경계를 허물고, 경제적 분배와 민주적 절차를 유지함으로써 사회적 평등 모형으로 기능했다. 통치 방식은 화합 속에서 회의로 결정되며, 인도 정치사에서 최초로 비밀투표가 이뤄졌다. 만장일치가 어려우면 신념을 억압하는 대신 교단 내 분열을 받아들였고, 새로 제정된 계율에 의견을 달리하는 집단은 교단 내에서 새로운 거주지를 형성했다. 이러한 붓다의 '서로를 인정하되 전체가 하나를 이뤄 공생하는 방식'은 깊은 인상을 남긴다.

시스템 이론은 미국의 수학자 노버트 위너에게 계승되었다. 위너는 '동물과 기계를 통제하고 이들과 의사소통하는 것'을 뜻하는 인공두뇌학, 즉 사이버네틱스cybernetics* 라는 용어를 처음 만들어냈다. 위너는 목적지향적인 운동의 수학적 원리에 관심이 있었다. 이렇게 초기 사이버네틱스는 생물학이 아닌 수학자, 신경학자, 사회과학, 공학자들 사이에서 처음 논의되었고, 그레고리 베이트슨도 여기 참여했다. 사이버네틱스 연구는 이후 신경과학 분야에서 인지과학으로 확대되었고, 1956년 인공지능이라는 새로운 학문이 시작된다.[6]

• 사이버네틱스라는 용어는 그리스어 'kybernetes'로부터 나왔는데, '배를 항해할 때 방향키를 조절하다'라는 뜻이다.

살아 있는 지구

가이아 이론이 그간 서구를 지배한 환원주의
패러다임을 완전히 대체했다고는 할 수 없지만,
지구 생물권에 대한 인식을 통해 인간과 자연
모두가 하나의 지구 시스템으로 연결되고
통합되어 있음을 각성시켜 지구 시스템
이론의 발전을 자극했음은 분명하다.

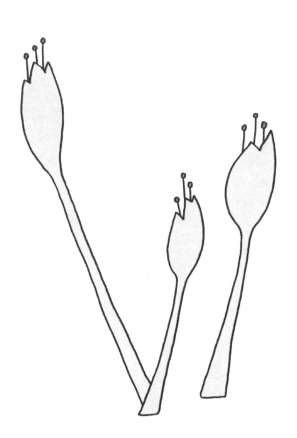

전체론적 접근을 통해 자연 생명을 되살리려는 노력이 한창 이어지는 가운데, 1979년 영국의 과학자 제임스 러브록은 여기서 한 발 더 나아가 《가이아》라는 책을 통해 지구를 지구상의 생명체와 유기적으로 결합된 살아 있는 존재Living Earth로 이해하는 이론을 선보였다.

가이아는 그리스 신화에 나오는 대지의 여신 이름*으로 제우스의 아버지 크로노스를 낳았다. 가이아는 다른 신들과의 갈등 속에서 지구의 멸종을 초래하거나, 지각 변동을 일으키고 기후변화와 태풍을 몰고 오기도 한다. 그리스 신화에는 지구환경의 변화와 종의 번성 및 멸절의 과정, 새로운 생물 종의 출현이 가능하도록 자양분을 마련해준 대지의 생명력 이야기가 담겨 있는데, 가이아는 이와 같은 지구 생명의 원천이다.

과학자가 지구에 신화적 인격을 부여하는 이름을 붙인 것만으로도 센세이션을 일으켰다. 러브록은 가이아라는 용어가 과학계를 포함해 일반인에 이르기까지 지구에 대한 시각을 바꾸는 데 적합하다고 생각한 듯하다. 러브록은 지구가 스스로 기후와 그 구성 성분을 조절함으로써 모든 생물에게 적합한 환경 조

* 'Ge' 또는 'Terra'라고도 한다. 'ge-ology' 'ge-ography'라는 단어도 여기에서 파생되었다.

건을 유지시키는 존재, 즉 일종의 살아 있는 생명체로 간주될 수 있다고 보았다. 극히 미량의 화학물질을 감별해내는 '전자포획감지기'를 발명하기도 한 그는 미국항공우주국NASA의 행성 탐사 프로그램에 관여했다. 그가 가이아 이론에 착상한 것은 1965년 캘리포니아의 제트추진연구소에서 일하며 화성에 생명이 있을 가능성에 대해 논쟁하는 과정에서였다.

그는 외계에서 지구 대기권을 내려다보는 '톱다운' 방식의 연구였기에 이 같은 착상이 가능했다고 《가이아》에서 서술한다. 위로부터 아래를 향하는 전일적 관점을 취했기 때문에 환원주의적 시각에서 벗어나 지구를 이전과 다른 관점에서 생각할 수 있었다는 것이다. 이는 '밖에서 안을 들여다보는 방식'이라고도 할 수 있다.

러브록은 대기, 바다, 생물권의 역사 및 그들이 지구의 생명 진화에서 맡았던 역할에 주목했다. 지구의 표면에서 생명체들이 진화하며 생태권을 이루는 데 지구가 일정한 역할을 했다는 것이다. 그는 지구가 여느 행성들과는 달리 생물들이 살기에 적합하도록 항상 스스로 환경을 조절하는 특별한 능력을 가진 존재라고 보았다.

지질권, 생물권, 정신권

러브록과 같이 지구를 일종의 생명 시스템으로 이해하는 이론은 이전에도 존재했다.《가이아》에 따르면 1958년 아서 레드필드는 대기와 해양의 화학적 조성이 생물학적으로 조절된다는 이론을 제시했다. 또 러시아의 과학자 블라디미르 베르나드스키는《생물권》에서 생물권Biosphere을 "생물체들로 이루어진 덮개, 즉 살아 있는 생물이 차지하고 있는 지구의 영역"이라고 규정하고, "생물권은 우주선cosmic radiation을 흡수하여 전기적 화학적 기계적 열에너지 등 지구에서 사용가능한 에너지로 전환시키는 생명체들의 지각 영역"이라고 설명했다.

생물권이라는 용어 자체는 이보다 시간을 거슬러 올라가 1875년 오스트리아 지질학자 에드워드 수에스가 제안한 것이다. 베르나드스키는 '생명이 지구를 형성하는 지질학적 힘'이라는 가설을 세웠고, 정신권Noosphere이라는 용어도 대중화했다. 지구의 진화를 지질권, 생물권, 정신권이라는 세 단계로 파악했는데, 정신권, 즉 인간의 인지가 출현함으로써 생물권을 근본적으로 변형시켰다고 보았다.[7]

지구에 대한 러브록 이론의 가장 큰 특징은 생명권을 통해 생명체와 결합된 살아 있는 지구로서의 가이아가 스스로 생명이 살 수 있도록 환경을 조절해왔다고 보는 점이다. 지구가 물리적 화학적 과정을 통해 형성되었고, 그 가운데 생명이 출현했다는 일반적 설명 방식과는 차이를 보인다. 생명이 살 수 있게끔 지구 환경이 일정하게 유지된다는 것은 지구 스스로의 조절 능력으로밖에 설명할 수 없다. 대기 중 산소량, 바다의 염도, 대기온도는 물의 빙점과 비등점 사이에서 유지되어왔다. 일정한 기후는 다른 어떤 요인보다도 생명체의 존재에 중요한 역할을 했다. 이 모든 것이 지나치게 절묘하다. 생명이 살 수 있는 조건은 일반적이지 않고 아주 희귀하다는 뜻이다.

현재 과학이 밝힌 바에 따르면 우주 역사는 138억 년, 지구는 45.6억 년, 지구상의 생명 발생은 35억 년 전 정도로 추산된다. 25억 년 전 원핵생물인 박테리아가 대량 사멸한 후 광합성이 발명되고 '사회적 유기체'로서의 가이아가 구성되었으며, 이 시기에 식물, 동물, 미생물, 대기, 토양, 물이 복합적 상호 작용을 하면서 다양한 생명체가 번성했다. 따라서 가이아는 '서로 밀접하게 결합되어 상호 작용하는 바다, 대기, 생물, 육지표면 전체'로 정의된다.

목적론적이라는 비판도 받아왔지만, 가이아 이론은 서양의 과학과 사회적 담론에 새로운 패러다임과 관점을 보여주었다는 점에서 높은 평가를 받는다. 현재는 지구 시스템이라는 용어가 일반화되어 있다. 《가이아》의 부제처럼 그야말로 '지구 생명에 대한 새로운 관점A New Look at Life on Earth'을 제시한 것이다.

가이아 이론이 그간 서구를 지배한 환원주의 패러다임을 완전히 대체했다고는 할 수 없지만, 지구 생물권에 대한 인식을 통해 인간과 자연 모두가 하나로 연결되고 통합되어 있음을 각성시켜 지구 시스템 이론의 발전을 자극했음은 분명하다.

전 체코 대통령 바츨라프 하벨 역시 가이아 이론을 높이 평가했다. 하벨은 1994년 7월 4일 미국의 '필라델피아 자유 메달' 수상 연설에서 과학의 우주론적 인류원리[8]와 가이아 이론이 새로운 세계질서로 나아가는 데 필요한 '통합성의 재생renewal of the lost integrity'을 가능케 해준다고 했다.

가이아 이론은 우리가 더 큰 전체의 일부이며 우리의 운명은 전체로서의 지구를 위해 무엇을 하느냐에 달려 있다는 사실을 증명한다. 만일 우리가 지구를 위험에 빠뜨리면 지구는 생명이라는 더 큰 가치를 위해 우리를 방어할 것이다. 하벨은 우리가 우주와 지구에 뿌리를 내린 존재라는 각성이 요구되며, 새로운 세계질서는 우주와 자연 및 우리 자신의 현존을 존중하는 데 기초해야 한다고 역설했다.

지속가능발전을 위한 패러다임, 자연과의 조화

지속가능성은 '현세대와 미래 세대
사이의 조화'일 뿐 아니라,
'자연의 법칙과 조화를 이루고 유지되는 삶'으로
정의되어야 한다.

'자연'과 '환경'은 같은 존재에 대한 두 개의 개념이다. 인간이 자신에게 유익한지를 기준으로 자연을 파악한 개념이 환경이다. 1972년 스톡홀름 선언은 '인간 중심의 자연관'을 보여준다. 이에 비해 10년 후인 1982년 UN이 세계 자연서식지, 자원 보호와 보존을 위한 행동강령을 마련할 목적으로 제정한 세계자연헌장World Charter for Nature[9]은 '자연 중심적' 관점을 취하고 있다. 헌장은 서문에서 인간의 삶이 '자연과의 조화'를 이뤄야 한다고 명시했다. 이는 생태학적 가치를 내포한 것이다.*

깊은 생태학적 계보를 통해 인간과 자연의 관계에 접근하고자 하는 시도는 UN의 **'자연과의 조화**HWN, Harmony With Nature **프로그램'**과 거기에서 다루는 **지구법학**Earth Jurisprudence에서 찾아볼 수 있다. 지구와 인류의 새로운 관계는 자연과의 비인간 중심적non-anthropocentric 관계에 기초한다.[10]

1987년에 UN 세계환경개발위원회WCED의 보고서 「우리 공동의 미래」**는 21세기를 내다보는 장기적인

* 1864년 환경지리학의 효시로 알려진 조지 마시는 《인간과 자연》에서 "균형 잡힌 자연이 모든 생명체에게 유익하기 때문에 자연이 교란되었다면 반드시 조화를 되찾아주어야 하는데, 인간은 교란의 주체로 그의 발길이 닿는 어느 곳에서든 자연의 조화는 깨져버렸다"고 했다.

** 의장인 전 노르웨이 총리 이름을 따서 일명 '브룬트란트 보고서'라고도 한다.

환경 전략을 제안했다. 이 보고서는 지속가능발전을 "미래 세대가 그들의 필요를 충족시킬 능력을 저해하지 않으면서 현세대의 필요를 충족시키는 것"으로 정의를 내려 유명해졌다. 그리고 "인간의 법은 인간 행위를 자연의 불변적이며 보편적인 법칙과 조화를 이루도록 유지하기 위해 개정되어야 한다"는 취지에서 '환경보호와 지속가능발전을 위한 법적 원리 요약'이라는 명칭의 법 제정을 요청하고, 부록으로 법안까지 작성했다.

깊은 생태학을 수용한 이 법안은 환경과 생태계의 유지, 경제발전을 하나로 묶어서 생태 시스템의 고유가치와 지속가능발전의 한계를 인정했다. 그래서 이를 보통 '지구헌장Earth Charter'이라고 부른다.

1992년 리우회의, 첫 지속가능발전 정신 수용

이 보고서를 기초로 1992년 개최된 리우회의(UN 인간환경개발회의)는 지속가능발전은 수용했지만, 지구헌장 제정에는 이르지 못했다.* 리우선언은 지구헌장의 취지를 살려 전문에 지구를 "우리 공동의 집"으로 명시하고, 제1

• 지구헌장은 국제사회의 노력으로 2000년 3월 선포되었고, 현재까지 세계자연보존연맹ICUN 등 2,000개가 넘는 기관의 승인을 받았다. 서문에 "우리의 보금자리인 지구는 '유일무이한 생명 공동체'와 함께 살아 있다"라고 명시하고, 16항의 원칙 제1항은 "모든 존재는 상호 의존적이며, 모든 생명체는 인간의 유용과 관계없이 가치를 지님을 인식한다"고 규정했다.

조에 "인간은 '자연과 조화'를 이룬 건강하고 생산적인 삶을 향유해야 한다"고 명시했다.

이 선언은 '자연과의 조화'를 지속가능발전의 정신으로 수용한 것으로 볼 수 있다. '자연과의 조화'는 인간의 삶과 법제도가 자연의 불변적이며 보편적인 법칙과 조화를 이루는 것이다. 따라서 지속가능성은 '현세대와 미래 세대 사이의 조화'일 뿐 아니라, '자연의 법칙과 조화를 이루고 유지되는 삶'으로 정의되어야 한다. 「우리 공동의 미래」는 지속가능발전의 정의를 내리면서 두 가지 핵심 개념으로 '전 세계 소외된 사람들의 필수적인 욕구에 일차적인 우선권을 부여할 것'과 '현재와 미래의 욕구를 충족시킬 수 있는 환경의 능력에 미치는 기술과 사회조직의 한계'를 명시했다.

UN 총회는 2009년에 지구의 날을 제정하고, HWN(자연과의 조화) 프로그램을 결의했다. 이어 2010년에는 자연과의 조화를 이룬 지속가능발전을 제안한 UN 사무총장의 첫 보고서가 제출되었으며, 2011년부터는 매년 지구의 날을 기념해 HWN 쌍방향 대화를 개최하고 있다. HWN에 참여한 전문가들은 지구 시스템에 가해지는 인간 영향의 과학적 분석, 지구와 인류 관계의 도덕적 기초와 다양한 경제적 접근법, 새로운 비인간 중심적 패러다임의 특성과 전략 등을 토론했다.

2015년, UN의 지속가능발전목표 선포

2015년 9월에 UN 지속가능발전목표SDGs가 발표되었다. 경제·사회·환경의 통합적인 접근으로 17개의 목표와 169개의 세부 목표로 이루어졌는데, 그중 12번째 목표는 '지속가능한 소비와 생산양식의 보장'이고, 12번째 목표의 8번째 세부 목표는 '자연과 조화를 이루는 생산양식'에 대해 언급한다. 이후 12월 총회에서는 지속가능발전목표의 어젠다 아래에 HWN을 다루기로 결의했다.

2016년에는 지구의 날인 4월 22일부터 2개월 동안 그간 쌍방향 대화에 참여한 전문가들을 포함해 전 세계 지구법학 전문가를 초청해서 온라인 토론회를 열었다. 지속가능발전목표를 이행하기 위해 HWN을 재검토하려는 의도에서였다. 지속가능발전목표에서 HWN이 전면적으로 채택된 것은 아니지만 지속가능발전의 정신으로 살려낼 필요가 있다. HWN 프로그램은 현재 지구법학을 실천하는 방향으로 진행되고 있다. 이제 지구법학을 만나볼 것이다.

3부

침묵하는 지구를 위하여

우리는 어디에서 왔는가

우리가 인류의 발전사보다 더 큰,
'우주 이야기'라는 진화의 서사에 참여할 때
비로소 다른 비인간 존재들과의
상호 연관성을 깨달을 수 있다.

1992년 리우회의에서 지구헌장 채택이 불발된 후 민간 단체들이 논의를 이어나갔다. 리우회의 이후 국제사회는 SDGs(지속가능발전목표)와 금융·기업 영역에서의 ESG경영 논의가 전개되기 시작한다. 그리고 2000년에 마침내 지구헌장이 선언되고, 주목할 만한 새로운 흐름이 일어났다. 바로 2001년 토머스 베리가 제안한 '지구법학'과 자연의 권리 운동이다.

지구법학은 생태위기에 답하기 위해 창안된 새로운 패러다임의 법학이다. 지구법학은 지구와 인간의 관계를 재조명하고, 지구와 인간의 상호 증진적 관계를 지향하는 지구 중심적 패러다임 전환을 추구하면서 다듬어졌다. 산업 문명과 근대법이 생명과 자연을 취급하는 생각과 방식에 근본적 결함이 있음을 지적하고, 그 대안으로 새로운 세계관과 법 제도를 제시하려는 것이다.

오늘날 우리는 과학의 발전으로 우주와 지구, 인간에 대해 많은 사실을 알게 되었다. 그렇지만 새로운 맥락의 세계관을 만들어내는 데는 실패하고 있다. 그 원인 중 하나는 근대법 체계의 영향으로 국가와 국민은 있되 자연은 사라진 우리의 세계관이다. 지구와 우주에 대한 태도에서도 인간 외에는 모두 객체로 사물화해서 받아들이는 경향이 뿌리 깊게 정착되어 있다.

그러나 현대의 위기는 전 지구적 규모이고 행성 단위의 문제다. 이를 해결하기 위해서는 과거와 달리 전 지구적으로 다양한 접근법과 처방을 모아 종합적인 답을 찾아야 한다.

토머스 베리에 따르면, 우주는 모든 것의 시작이다. 우주에 있는 모든 것은 그 기원과 운명과 합당한 역할을 우주와의 관계에서만 알 수 있다.• 우리는 지금 전 지구적 공간에 걸쳐 삶의 지속가능성을 모색해야 하므로, 우주의 기원이라는 가장 큰 규모의 서사로부터 우리의 맥락을 찾아봐야 한다. 그 맥락은 가장 큰 규모에서의 '진화의 서사'다.

• 우리 삶의 과거와 그 의미를 이해하고 현재에 응답하며 미래로 나아가기 위해서는 '자연 세계의 측면을 설명하고 사회의 심리적 사회적 관행과 이상을 묘사함으로써 문화의 기본 세계관을 정의하는 이야기'의 맥락을 이해해야 한다.

진화의 서사, 새로운 이야기

'진화의 서사epic of evolution'는 1978년에 사회생물학자 에드워드 윌슨이 《인간본성에 대하여》에서 "진화적 서사는 우리가 취할 수 있는 가장 뛰어난 신화다"라고 언급한 후 회자되기 시작했다. 또한 그는 《지구의 정복자》에서 '우리는 어디에서 왔는가, 우리는 무엇인가, 우리는 어

•• 토머스 베리는 1978년에 '새로운 이야기New Story'가 필요하다고 주장했다.[1]

디로 가는가'를 질문하고 있다.** 윌슨은 세계가 어떻게 창
조되고 인류가 어떻게 그 일부가 되었는지를 설명해주는
이야기로서 진화의 서사가 필요하다고 했다.

20세기에 발전한 물리학, 생명과학 등 각 분야의 최신
이론을 토대로 통합된 과학적 내러티브는 진화의 서사를
구성할 수 있게 해준다. 진화는 생명의 발전사를 가리키지
만, 빅뱅에서 현재까지 우주의 발전과 인류 문화의 발전을
하나의 전체로 설명하는 데도 사용될 수 있다.[2] 진화는 전
체 우주가 상호 관련된 현상의 진행 과정이다. 개별자이면
서 사회적 존재인 우리는 삶의 궁극적 의미와 공동체와의
관계에 대해 스스로 묻는 과정에서 그에 대한 해답을 제공
하는 세계관을 필요로 한다. 전통사회의 세계관을 대체하
는 현대의 세계관이 요청되는데, 진화의 서사에서 끌어올
수 있다.

진화의 서사는 과학과 인문학을 하나의 틀로 다루는 것
을 목표로 하고 가치와 과학적 사실을 결합시킨다. 진화의
서사는 우주의 진화 과정에서 인류가 차지한 위치와 존재
목적을 이해하는 데 도움을 주고 인류가 어떤 방향으로 나
아가야 하는가를 깨닫게 해준다.

특히 우리는 진화의 서사가 갖는 '이야기'라는 특성에 주
목해야 한다. 우리가 인류의 발전사보다 더 큰, '우주 이야기'
에 참여할 때 비로소 다른 비인간 존재들과의 상호 연관성을

깨달을 수 있기 때문이다. 서사에 참여해서 스토리를 갖는 존재들과 만남으로써 미래의 길이 열린다.

과학의 시대에 접어들면서 19세기부터 일찍이 이런 논의는 있어왔다. 지질학이 발전하면서 지구가 성경보다 오래되었다는 사실이 확인되자 유럽에서 학술적으로 세상의 역사를 기록하는 시도가 생겨났다.* 1859년 다윈의 진화론이 나온 데 이어, 20세기 전반에는 생물학자 줄리언 헉슬리가 진화론적 인본주의evolutionary humanism를 통한 자연의 종합적 이해를 추구했다. 테야르 드 샤르댕은 우주 진화와 복잡화 경향 사이의 연관성을 탐구했고, 제이컵 브로노우스키의 《인간 등정의 발자취》는 여러 분야의 관점에서 역사를 조사했다.

1997년 토머스 베리가 미국과학진흥회가 지원한 '진화의 서사 회의'에서 이 주제에 관해 강연한 데 이어, 2000년에 존 스튜어트가 《진화의 화살: 진화의 방향과 인류의 미래》를 펴냈다. 하버드 대학교의 물리학자 에릭 체이슨은 진화의 서사시를 정량화하려고 시도했다. 그는 저서 《진화의 서사》에서 우주 진화를 '강력하고 고귀한 노력'이라고 설명하는 일관된 이야기가 새 천년에 윤리적 진화를 열 수 있는 길일

* 1844년 로버트 체임버스의 《창조의 자연사가 남긴 유적》, 1845년 알렉산더 폰 훔볼트의 《코스모스》는 그때까지 이루어진 발견을 종합해 자연을 서술했다.

것이라고 결론지었다.

　역사를 인류와 우주 전체 차원으로 넓게 확장해보는 '빅히스토리'도 진화의 서사에 해당한다. 잘 알려져 있는 칼 세이건의 《코스모스》와 유발 하라리의 《사피엔스》는 물론이고, 2011년 호주의 역사학자 데이비드 크리스천이 빌 게이츠와 함께 진행한 고등학교 교육프로그램 개발 프로젝트 '빅히스토리Big History'도 대표적인 사례다. 빅뱅, 우주의 진화, 원소의 기원, 지구와 태양의 형성, 생명의 출현, 인류의 출현과 집단학습, 농업혁명, 근대혁명을 다루면서 거시적인 관점으로 우리 스스로를 돌아보는 프로그램이었다. 이외에도 하버드 대학교, 세인트루이스의 워싱턴 대학교, 노던애리조나 대학교 등 미국의 많은 학교에서 현재 진화의 서사를 가르치고 있다.

　진화의 서사는 새로운 지식을 축적함에 따라 계속 성장하고 변화할 수 있다. 특히 지구의 운명과 관련해서는 이제부터 우리가 어떻게 사고하고 행동하느냐에 따라 서사가 달라질 것이다.

생명이 펼쳐지다

우주 이야기의 전개와 해피엔딩 여부는
우리의 의지와 선택에 달려 있다.
우주와 지구는 우리와 함께 펼쳐지고 있다.

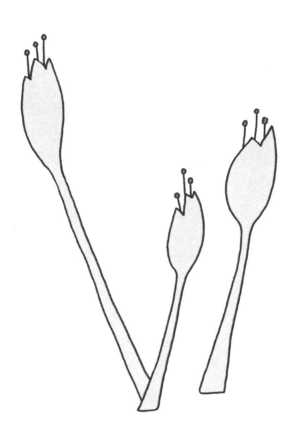

토머스 베리와 브라이언 스윔은 생태학의 관점에서 생태위기의 해답을 찾고자 《우주 이야기》를 썼다. 1981년 토머스 베리를 만난 젊은 수리물리학자 브라이언 스윔 역시 진화의 서사가 필요하다는 데 즉각 동의했다. 스윔은 점점 커지는 생태위기에 제대로 대응하지 못하는 학문 세계에 좌절을 느끼고 있었다. 과학은 오히려 상업적이거나 군사적 목적의 연구에 연루되기 일쑤였다. 의기투합한 그 둘이 10년 동안 공동 작업해 펴낸 책이 바로 《우주 이야기》다.

토머스 베라는 '우리가 어디에서 왔으며, 어디로 가는 것인가'라는 질문 앞에서 삶의 방향을 잃어버렸다고 보았다. 과거의 철학은 어머니 자연의 일부로서 인간을 인식한 고전적 세계관과, 매정한 자연을 극복한 인간을 중심에 둔 근대적 세계관 가운데 하나를 취했다. 그런데 이제는 지구와 인간을 포괄하고 전체 중심적으로 관계를 조명하는 세계관이 필요한 시기다. 당장은 지구 속의 생존이라는 절박한 과제에 답해야 한다. 지구와 인간의 관계를 이해하고, 인간 존재의 전체 맥락을 이해할 때 우리는 제대로 삶을 영위할 수 있다. 그러기 위해 우주 이야기가 필요하다.*

• 현대를 사는 우리에게 필요한 우주론이라는 의미에서 '기능적 우주론Functional Cosmology'이라고 한다. 베리의 제자인 종교학자 메리 에블린 터커는 '살아 있는 우주론Living Cosmology'이라는 용어를 사용하기도 한다.

함께 펼쳐지고 있다

우주의 첫 불덩어리The Primordial Flaring Forth가 있었다. 이로부터 모든 별과 원소가 펼쳐져unfolding 나왔다. 태양과 달, 지구 그리고 이어서 지구의 생성 과정에서 생명이 출현해 펼쳐졌다. 지구의 첫 생명체가 방만한 자원 과용으로 자멸 위기에 처했을 때, 식물의 광합성 창조로 고비를 넘겼고 찬란한 풍요의 시대가 펼쳐졌다.* 인간이 태어났고, 빙하기를 거쳐 홀로세라는 축복받은 기후와 물, 흙, 바람 속에서 인류가 문명을 펼쳤다.

나를 돌아보자. 20세기 산업문명이 거대한 가속의 페달을 밟고 있는 시기에 태어났고, 21세기의 지나친 번영과 방만한 삶으로 지구와 생명이 무너지는 이 시대를 살아가고 있다. 나는 어떤 존재일까. 역사적 지역적으로 복잡하고 다원적인 인간사회 속에서 많은 어려움을 겪고 자신의 존재를 확인하지 못해 방황하는 경우도 많지만, 탄생 그 자체만으로도 우리는 세상에 나온 존재이며 우주에 흔적을 남긴다. 이것이 근본적인 삶의

• 지구의 첫 생명체는 현재의 인간과 마찬가지로 성장에 따라 자신의 존재 기반이 되는 영양분을 소모시키고 유기폐기물만 잔뜩 만들어냈다. 이 생명체를 파멸로부터 구해준 것은 식물들로, 광합성을 수행하는 능력을 발명해서 노폐물을 다시 신선한 유기물질로 전환시켰다. 이렇게 지구의 첫 생명체가 벌이던 탐욕스런 폭주가 위대한 생태적 순환고리로 바뀌었다. 마침내 생명의 순환고리, 즉 원이 닫히면서 지구 생태계는 예전에 그 어떤 생명체도 혼자서는 이루지 못했던 '생존'을 이루어낸 것이다. 피할 수 없는 파멸로 치닫는 선형적 과정이 스스로를 보존할 수 있는 순환적 과정으로 탈바꿈했다. 지구상 생명체들은 태양이라는 영원한 에너지의 원천을 확보하게 된 것이다.[3]

의미다. 그렇다면 어떻게 살아야 하는 것일까. 무엇이 기쁨이고 무엇이 선물이며, 지금 무엇을 해야 하는 것일까. 남은 삶을 나는 어떻게 펼쳐나갈 것인가.

우리는 수십억 년의 시간 동안 만들어졌다. 그리고 1만 2,000년 가까운 홀로세 기간에 적정 기후가 형성되었다. 그런데 우리는 고작 100년도 안 되는 눈 깜짝할 새에 생태계를 교란시키고 있다. 지금의 기후위기와 전염병을 우리 책임 밖의 일이라 할 수 없다. 기술이 해결해주리라고 섭사리 낙관할 수도 없다. 이런 상황에서 우리가 새롭게 깨달아야 하는 것은 우주적 시간이다. 이 깊은 시간 속에서 '먼 우리'에게까지 이르는 역사적 사건들의 해석과 미래의 지침을 발견해 나가야 한다.••

인간은 우주 발생 시점부터 형성된 원소들의 기나긴 여정을 통해 형성된 존재다. 이것을 발견하고 깨닫는 존재라는 점에서 인간은 위대하다. 그러나 우리에게는 오만보다 '우주적 겸손'이 필요하다. 138억 년 동안의 움직임이 나를 출현시켰기 때문이다. 이러한 우주 이야기 속에서 올바른 세계관을 정립해야 한다. 이

•• 《우주 이야기》에 따르면 우주는 '스스로 만드는 비가역적인 사건들의 연속'이라는 점에서 '이야기'다. 그 이야기는 앞으로 나아갈 뿐 되돌이킬 수는 없으며 계속적으로 새롭게 출현하는 과정 self-emergent process이다. 우리는 그 속에 살고 있다. 우주가 이야기의 주인공이며 생명이 거기에서부터 나왔다. 모든 생명이 단일한 우주에 속해 있으며, 인간을 포함한 모든 생명체는 동일한 속성을 지니고 연속되어 있어서 상호 의존성과 상호 연관성을 지닌다.

세계관은 인간을 포함한 존재의 연속continuity과 통합integrity을 최우선적인 의미로 받아들인다. 근대의 세계관은 분리를 첫째 명제로 한다는 점에서 근원부터 수정되어야 한다.*

우주는 스스로 만드는 불가역적인 사건들의 연속이라는 점에서 이야기다. 계속적으로 새롭게 출현하는 과정이다. 생명은 거기에서 나왔다. 우주 이야기에서 파생되는 존재 원리는 다채롭고 다양한 분화와 스스로 조직하는 개체들의 결속이다. 이 점에서 우주는 객체들의 집합이라기보다는 주체들이 구성하는 하나의 실재다. 여기에서 새로운 생태적 세계관이 탄생한다. '모든 존재는 객체와 주체, 두 양식을 다 가지고 있다. 어느 양식도 다른 양식 없이 완전하지 않다.' 존재는 상호 관계적이며 연결되어 있다. 지구는 다양한 생명체의 기능과 인간 사회의 기능이 통합되어 있는 단일체다. 그러므로 지구는 모든 국면에서 이들

• 우주와 지구는 각각 하나a unity이면서 다원적이고 다중의 통합된 실체다. 우리는 지구상의 다양한 생명체 및 무생물 요소들과 관계되어 있다. 진화라는 공통의 발생 경로를 가지고 있고 '생명체의 경계를 넘어 태초의 찬란한 불꽃이 품고 있던 에너지'라는 공통의 기원을 가진다.

•• 프롤로그에서 말했듯이 토머스 베리는 문명사를 공부했고, 앞선 사상가 테야르 드 샤르댕의 진화론을 받아들여 서사적 이야기로 확장시켰다. 우주를 상호 연관된 형태로 파악해 우주론적 역동성을 강조하는 유학의 천지인 天地人 사상의 영향을 받기도 했다. 베리는 중국의 신新유가 사상가 뚜웨이밍과도 교류했다. 토머스 베리 사후 제자 브라이언 스윔과 메리 에블린 터커가 2011년 출간한 복합미디어 프로젝트 '우주 속으로 걷다'도 이런 관점의 영감을 받았다.⁴

생명체와 영향을 주고받는다. 지구의 통합된 기능은 보존되어야만 한다. 지구의 안녕이 최우선적이며 인간의 안녕은 여기에서 파생된다.[5]

우주 이야기는 계속 전개되며 끝나지 않은 이야기다.** 그 이야기에 우리가 주체로 참여하고 있다. 이야기의 전개와 해피엔딩 여부는 우리의 의지와 선택에 달려 있다. 우주와 지구는 우리와 함께 펼쳐지고 있다.

지구법학은 우주 이야기에서부터 현재 여기에서 필요한 사회 시스템을 고민한 결과물이다.

신생대의 종말,
새로 열리는 생태대

"나는 우리가 이미 지구 생물계의 신생대 시대를
끝냈다고 생각한다. 6,500만 년의 생명 개발은
종료된다. 멸종은 중생대 말기 이후 비교할 수
없는 규모로 생명계 전반에 걸쳐 일어나고 있다."
토머스 베리, 슈마허 센터 '생태대' 강연에서

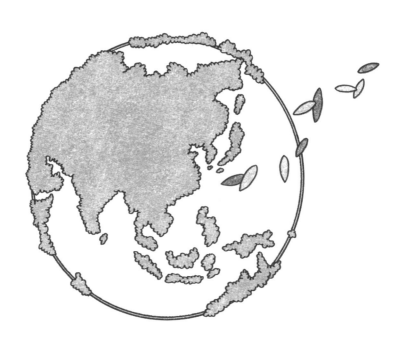

거대한 가속이 진행된 지금 우리는 지구와의 관계를 재조정해야만 하는 생태대로 이미 들어섰다. 《우주 이야기》는 지금은 신생대가 끝나가는 시기이며, 우리는 신생대의 다음 단계인 생태대Ecozoic Era로 진입해야 한다는 주장을 편다.

현재의 인류세 논의를 보다 더 큰 생태대 논의로 대체하는 것이다. 그 근거는 지질시대가 그 시기를 산 생명의 화석, '멸종'에 의해 단계 지어져 왔다는 데 있다.•

인류세가 인간이 초래한 기술화석의 형성에 중점을 둔 논의라면, 생태대는 인류가 출현한 신생대 이후 대멸종으로 변해버린 세계를 '세cene'보다 더 큰 '대代, Era'의 규모로 인식해야 한다는 생각이다. 이에 따르면 현재는 고생대, 중생대, 신생대에 이어 새로 열린 '생태대'다.••

지구에 여섯 번째 대멸종이 다가오고 있다는 견해는 많이 일반화되었다. 그렇지 않더라도 멸종의 거대한 가

• 멸종은 모두 다섯 차례 진행되었다. 1차는 4억 4,500만 년 전 고생대 오르도비스기 대멸종. 2차는 3억 7,000만~3억 6,000만 년 전 고생대 데본기 말. 3차는 2억 5,100만 년 전 고생대 페름기 말. 4차는 2억 500만 년 전 중생대 트라이아스기 말(일명 트라이아스기-쥐라기 대멸종). 그리고 5차는 6,500만 년 전 중생대 백악기 말 유카탄반도에 소행성이 떨어져 공룡이 멸종해버린 사건이다.

•• 얼 C. 엘리스의 《인류세》에 따르면 인류세의 시작도 홀로세 이전으로 보는 시각들이 있다. 신생대는 '포유류의 시대'라고도 불린다. 인류는 홀로세전에 출현했다. 그래서 홀로세 이전 시기를 포괄하는 생태대 논의가 더 타당한 측면이 있다.

속이 우려되는 상황으로 본다. 대멸종은 전체 생물 종의 75퍼센트 이상이 비교적 짧은 시간 내에 급격히 소멸하는 현상을 말한다. 현재의 생물 다양성이 조금 더 떨어질 경우는 생물학적 전멸biological annihilation이라고 한다.[6] 대멸종의 공통적인 특징 중 하나는 '변화율'이다. 세상이 변하는 속도가 생물이 적응하는 속도보다 빠르면 많은 종이 멸종한다. 지금 인간으로 인해 세상은 그 같은 속도로 변하고 있다.*

• 지구상 동물 종의 멸종은 인간의 영향이 미칠 경우 그 속도가 100배 더 빨라진다. 야생 동물의 개체 수는 1970년 이후 인구가 두 배로 증가하는 동안 2분의 1로 줄어들었다. 〈네이처〉에 따르면 6,000만 년 전에 비해 1,000배 빠르게 생물들이 멸종하고 있다.

생태대는 토머스 베리와 브라이언 스윔이 《우주 이야기》를 저술하는 과정에서 인간이 지구 및 지구 공동체와 상호 증진하는 관계의 시대로 진입했다는 것을 설명하기 위해 만든 용어다.[7] 생태대를 뜻하는 'EcoZoic'은 그리스어로 집을 의미하는 'oikos'와 살아 있는 존재를 의미하는 'zoikos'의 합성어다. 즉 '생물의 집' '생명 공동체(지구 공동체)'라는 뜻이다. '생태Eco'와 '생물Zoe'의 합성어는 통합적이고 생물학적인 용어다.

생태대의 특징은 '인간이 상호 증진적으로 지구에 거주하는 통합적 생명 공동체 시대the Era of the Integral Life Community'라는 점이다. 이런 인식을 통해 우리는 지구가 인간에게 단 한 차례 주어진 선물이며, 인간 공동체는 지구 공동체로부터 분리될 수 없다는 것을 받아들여야 한다고 토머스 베리는 강조한다.

생태대 논의의 의미는 행성과 생물권의 '깊은 시간'을 들여다보기를 요청한다는 점에 있다.[8] 우리는 이미 지질시대의 깊은 시간 속에 놓여 있다. 우리는 깊은 시간 의식을 확장시키고 지질학적 의식geological consciousness을 통해 시야를 현재에서부터 이 행성의 미래로까지 넓혀서 새로운 삶의 나침반을 설정해야 한다.

지구와 미래 세대, 그리고 전체 생명계의 운명이 우리 손에 달려 있다. 생태대라는 용어를 통해 우리는 우리 삶에서 상승하기 시작하는 새로운 지질시대와 개인적인 관계를 맺도록 초대받고 있다. 우리는 그 관계 맺음을 좋은 방향으로 조정할 수 있다.

인간과 지구를 위한 통합 비전, 생태대

생태대는 지질학적 개념이고 지질시대 논의는 19세기부터 이어져왔다. 1838년 케임브리지 대학교 지질학과 교수 애덤 세즈윅이 현대의 지질시대 구분을 제안한 이래, 예일 대학교 지질학과 교수 제임스 드와이트 다나는 1859년 현대를 '마음의 시대Age of Mind'라 불렀고, 지구를 하나의 진화 단위로 파악했다. 1862년 출간한 지질학 교과서에서는 '인간의 시대Age of Man'[9]라고도 했다.[•]

이런 전통 속에서 베리는 현대를 과학기술 시대로, 새롭게 출현하는 시대를 생태 시대로 정의했다. 생태대 이론의 독자성은 지질시대를 지구와 인간의 관계에서 통찰해 지적하는 데 그치지 않고 새로운 가치를 포함한 비전을 제시한다는 데 있다. 생태학의 시각에서 문제에 접근하고 진단하며 처방하기 위한 '규범적' 접근인 것이다.[12]

• 조지 마시는 《인간과 자연》에서 "지구가 인간을 만든 게 아니라, 진실로 인간이 지구를 만들었다"며 지구에 미치는 인간의 결정적 영향력을 지적했다.[10] 또한 더 이상 인간은 '자연의 일부'라거나 인간의 행동이 자연의 법칙에 얽매인다고는 말할 수 없고, 자연으로부터 독립해 있다고 주장했다. 특히 마시는 이 책의 1874년 판본에 안토니오 스토파니가 1873년에 사용한 새로운 지질학적 용어 '인류대Anthropozoic era'를 포함시켜 일반화했다.[11] 1919년 러시아 지질학자 A. P. 파블로프는 '인류 유전자 시대Anthropogene period'라는 개념을 제안하기도 했다.

신생대까지가 종이 출현하는 시대였고, 신생대 말기 홀로세가 인류가 지구 행성 과정planetary process에 기술적 침입technological intrusion을 함으로써 지구를 파괴하는 시대였다면, 생태대는 인간과 지구가 상호 증진하는 관계를 회복하는 통합적 생명 공동체 시대의 비전이다. 삶은 맥락과 스토리로 이루어지면서 비전을 필요로 한다. 칼 세이건은 《창백한 푸른 점》에서 비전을 다음과 같이 정의했다.

우리가 아이들에게 제시하는 비전이 미래를 구성한다.

그런 비전이 무엇인지가 중요하다. 종종 비전은 자기실현적 예언이 된다. 꿈은 지도와 같다.

관건은 인간이 구축한 기술권technosphere이 지구를 구성하는 다른 생명 시스템의 기능과 양립하고 통합성을 복원할 수 있게끔 방향을 트는 일이다. 자연은 고유의 기술을 가지고 있다. 베리는 슈마허 센터 '생태대' 강연에서 인간 기술은 자연 시스템을 지배하는 기술과 통합될 수 있을 것이라고 전망했다. 자연생명체에서 인간 기술이 가진 창조성의 긍정적인 힘은 미미하지만, 인간의 부정적 영향력은 어마어마하다.

우리가 풀잎을 만들 수는 없지만, 풀잎은 인간이 받아들이고 가꾸고 보호하지 않는 한 한 포기도 살아남을 수 없을 것이다.

베리는 지구가 그 자체의 역동성 안에서 기능할 수 있도록 인간으로부터 보호되어야 한다고 강조한다. 우리가 어디로 향하고 있는지 명확히 이해한다면, 그리고 우리가 어떤 긴박한 상황에 직면해 있는지를 이해하고 단호하게 모험을 감행한다면, 우리는 우리의 역사적 과제를 수행해낼 수 있다. 그는 이것을 '위대한 과업the Great Work'이라 했다.

지구 공동체를 향하여

생명 공동체는 지구 구성원으로서의 주체를
확장하고 인간의 생각과 행위를 더 깊고 크게
전환시켜준다.

토머스 베리의 '생태대'와 '지구법학' 이론은 산업문명을 대체하는 문명의 세계관과 법 체계를 구축하는 시도를 했다. 그 과정에서 공동체 논의가 중요하게 부상한다. 자연의 주체성 회복은 주체의 확장을 통해 새로운 공동체 논의를 불러온다. 지금의 산업문명은 시민공동체를 기초로 한다. 산업문명의 부정적 측면을 극복하고 전 지구적 문명으로 전환하기 위해서는 새로운 공동체 인식이 필요하다.

지구적 지질시간에서 지구와 상호 작용하는 이 새로운 공동체는 '지구 공동체'라 불릴 것이다. '생태대'는 지구 공동체의 또 다른 뜻이다. 여기에서 발전한 개념이 자연과의 조화이며 자연의 권리다. 새로운 지구 공동체는 진화의 서사인 우주론Living Cosmology과 거기에 터 잡은 지구-인간의 관계를 공동체 정신으로 받아들인다. 이것이 지구법학의 철학을 형성한다.

우주와 지구의 장엄한 진화 과정 속에서 우리 위치를 되돌아볼 때, 인간은 의식의 진화를 통해 유일하게 문명을 이룬 가장 탁월하고 독자적인 존재이며 진화의 꼭대기, 생명의 나무 끝에 앉은 존재다. 하지만 이 존재는 나무의 뿌리와 가지와 그 위를 덮은 잎 없이 혼자 꼭대기에서 노래를 부를 수 없다.

우리가 우주를 탐사하고 화성 이주를 상상하는 것은 꼭대기에 앉은 존재가 날고자 하는 의지이자 욕망이다. 먼 훗날 실제로 인간은 스스로 날개를 달고 비상해서 우주로 날아가는 존재가 될지도 모른다. 그러나 현재 막 태어나고 있고 앞으로 계속해서 태어날 미래 세대가 이 지구의 둥지에서 성장하고 살아갈 수 있게 해주어야 한다는 엄중한 실존적 요청 앞에서, 우리는 스스로 지구를 무너뜨리고 우리의 실존을 위태롭게 하는 일을 멈추어야만 한다.

에드워드 윌슨은 인간을 '지구의 정복자'라고 불렀다. 우리는 지구를 장악했다. 우리의 문명은 지구를 '피지배자'로 받아들였다. 그런 만큼 우리에게는 지배자로서 피지배 구성원들을 배려하는 지구 거버넌스를 창조할 책임이 있다. 토머스 베리 역시 가장 시급한 우리의 과제는 지구 공동체의 모든 살아 있는 구성 요소와 무생물 구성 요소의 상호 소통을 활성화하는 데 도움을 주는 것이라고 했다.

베리가 《지구의 꿈》에서 표현한바, "수십억 년에 걸쳐 현재의 화려한 모습으로 진화해온 이 행성, 이 거대한 지구라는 공동체가 우리를 아낌없이 보살펴주었듯이" 이제 우리는 지구가 인간과 생태 시스템을 통합하는 단 하나의 실체라는 사실을 받아들여야 한다. 우리의 삶이 지구 생태계와 상호 의존적으로 결속되어 있음을 깨닫는 한편 우리 삶의 조건으로 떼어낼 수 없는 이들을 삶의 공동체로 수용해야 한다. 이 철학은 지구헌장에 반영되었다.

알도 레오폴드의 생명 공동체론

자연으로부터 분리된 인간을 다시 자연과 묶어내는 공동체론은 일찍이 미국의 생태학자 알도 레오폴드가 개척했다. 그의 대표작《모래 군郡의 열두 달》은 환경윤리학의 고전으로 불린다. 레오폴드는 예일 대학교 삼림학부를 거쳐 미국 삼림청 현장 공무원으로 일했다.

이 책은 인간과 자연의 관계를 공동체로 다시 묶어냈다는 점에서 선구적이다. 레오폴드는 진화론과 생태학을 바탕으로 토양, 물, 식물과 동물로 공동체의 범위를 확장한다. 생명 공동체biotic community는 종species뿐 아니라 늪과 수렁, 사막 등도 포함한다.

역사를 생태학적으로 해석해 보면 인간은 사실상 생명 공동체의 한 구성원에 지나지 않는다는 것을 알 수 있다. 역사를 인간의 활동으로만 설명하는 것은 옳지 않다. 역사의 많은 사건은 실제로는 사람과 땅의 생명적 상호 작용이었다.

오늘날의 팬데믹 상황은 우리에게 이를 실감하게 한다. 인간의 활동과 바이러스의 활동이 어우러져 세계의 역사가 바뀌고 있고, 삶의 양식도 크게 전환하고 있다. 생명 공동체는 지구 구성원으로서의 주체를 확장하고 인간의 생각과 행위를 더 깊고 크게 전환시켜준다.

오로지 경제적 동기에 바탕을 둔 가치 체계의 근본 약점의 하나는, 토지 공동체의 구성원 대부분은 아무런 경제적 가치도 지니지 않는다는 것이다. 야생화와 명금鳴琴, song bird이 그 예다. 그러나 이 모든 생물은 생명 공동체의 구성원이며, 그들은 존속할 자격이 있다. 경제적 이익이 있든 없든 생명적 권리biotic right를 가지는 존재로서 새들도 존속해야 한다. 포식성 포유류와 맹금류도 역시 공동체의 구성원이며 어떠한 이익집단도 자신의 편익을 위해 이들을 절멸시킬 권리를 가지고 있지 않다.

진화론을 통해 우리는 '인간은 진화의 오디세이에서 다른 생물들의 동료 항해자일 뿐'이라는 사실을 배운다. 한편 생태학을 통해 자연은 '토양, 식물, 동물이라는 회로를 통해 흐르는 에너지가 솟아나는 샘'으로 설명될 수 있으며, '에너지 세포 조직에 의존하는 것처럼 동물 및 식물 공동체의 복합적 구조에 의존한다'는 사실을 배운다.

이 새로운 진화론적 생태학적 세계관으로부터 자연스레 '인류의 동료 구성원에 대한 존중, 그리고 그 같은 공동체 자체에 대한 존중'을 의미하는 '토지윤리(대지윤리)'가 발아한다. 그것은 '정부, 교육, 경제, 종교를 비롯한 모든 조직의 윤리적 기초가 무엇이 되어야 하는가?' 하는 화두를 던진다.

작은 단위에서 시작하는 생태지역 공동체

지구 공동체는 '단 하나인 통일성'을 강조한다. 남아프리카의 환경법 전문변호사 코맥 컬리넌은 2011년 펴낸《야생의 법》에서 지구 공동체를 '우리가 지구라고 부르는 전체 시스템 안에 깃들어 있는, 저마다 다른 차원에서 존재하는 모든 작은 공동체의 구성'이라고 표현했다. 토머스 베리는《지구의 꿈》을 통해 단위로서의 생태지역 공동체를 제안하기도 했다. 생태지역bioregion이란 동일함을 증명할 수 있는, 상호 작용하는 생명 체계들의 지리학적 영역이다.

자연이 늘 새로워지는 과정 안에서 생명은 비교적 자기를 유지self-sustaining한다. 생태지역은 자연의 자생성을 기초로 한다. 이 지역을 구성하는 생명 체계들은 각각 효과적인 방식으로 생존하기 위해 자체 기능을 공동체 안에 통합시켜야 한다. 이들 생태지역의 상호 연관된 체계로 지구를 구성해야 한다.[13]

사실 로컬화, 자생적 지역 중심 거주공간에 대한 추구는 현재의 트렌드이기도 하다. 다만 이미 지구 서식지를 70퍼센트 이상을 차지해버린 인간의 공간을 이와 같이 이상에 가까운 로컬 생태지역으로 전환할 수 있을지는 의문이다. 지구 공동체로 방향을 틀기 위해서는 더 깊은 고민이 필요할 것이다.

지금은 공동체 구성에서 다양성과 자생성을 바탕으로 다원화된 형태를 추구하고 보존해야 할 때다. 자연과 조화를 이룬 작은 단위의 공동체들을 살려가야 한다. 마을과 같은 전통적인 공동체 단위뿐 아니라 오늘날 여러 가지 의도와 목적으로 조직된 소규모 모임 및 단체와 같은 공동체 단위 모두 지구법적 관점에서 중요한 의미를 지닌다. 이들은 고립되어 있지 않고 서로 의존하고 지지하는 상호 작용 관계다. 이들은 국가적 경계를 뛰어넘으며 상호 간에 긴밀하게 연결되어 있음을 인식한다.

상호 관계성을 파악하면 지구를 희생해 나의 성장을 도모하는 것이 나에게 해로운 일일 수 있음을 인식할 수 있게 된다. 이러한 '관계성'을 회복하고 중요시하는 틀에 기초함으로써 새로운 법 체계를 수립할 수 있다. 그것이 지구법학이다.[14]

4부

하늘과 바람,
나무와 강의 권리

존재가 있는 곳에
권리가 있다

오직 인간만을 위한 법 체계는
이제 현실적이지 않다.

'생태위기' '인류세'와 같은 용어가 현재의 위기 상황을 지적하기 위한 것이라면, '지구법학'은 대안적 세계관과 시스템을 적극적으로 제안하기 위한 것이다.[1] 지구법학이 추구하는 원리가 새로운 것은 아니다. 1987년 UN 보고서 「우리 공동의 미래」에서 "자연의 우주적이고 불변적인 법칙과 조화를 이루는 인간의 법 체계"라는 비전은 이미 지구법학적이다.

지질시대의 생존공간을 지켜내려면 근대법에 익숙한 우리의 인식을 깨고 자연과의 조화 속에 법 체계를 재구성해야 한다. 가령 헌법이나 UN 헌장은 인간 존엄과 권리에 대해서는 보편적 규범을 확립했지만, 자연에 대한 언급은 없다. 지속가능발전과 ESG 경영, 탄소중립에 따른 그린 뉴딜 정책도 지질시대 행성 경계와 지구 한계의 문제를 아직은 온전히 통합하지 못하고 있다. 지구법학은 헌법이나 ESG 경영에 누락된 지구 범주의 문제를 통합한다. 지구법학은 지구와 인간의 상호 증진적 관계를 위한 광범위한 법적 시도를 포함한다.

지구법학의 선례로 1972년 시에라 클럽 사건°에서 미국 연방대법원의

• 캘리포니아 시에라네바다 산맥의 세쿼이아 국유림지 내 미네랄 킹 계곡에 스키장을 건설하려는 월트디즈니사의 개발계획승인처분의 위법성을 다투는데, 환경단체인 시에라클럽이 원고가 될 당사자적격이 있느냐가 쟁점이 되었다. 민사소송 원고는 피고의 행위로 인해 직접 피해를 입은 개인에 한정되어 왔고 대법원은 종래의 입장을 견지했다.

윌리엄 O. 더글러스 대법관이 주장한 소수의견이 꼽힌다. 서던캘리포니아 대학교 법학과 교수 크리스토퍼 스톤이 「나무도 원고적격을 가져야 하는가?」라는 의견서를 제출해 근거를 제공했다. 더글러스 대법관은 자연물이 원고적격을 가지며, 환경단체도 자연물의 법적 후견인이 될 수 있다는 논리를 폈다.

산과 들, 물과 바람과 같은 환경보호 대상물은 스스로의 보전을 위해 개발 계획에 대해 법적 구제를 신청할 적격이 있다. 이는 마치 '법인'이라는 무생물에게 소송당사자로서 원고적격을 인정하는 것과 마찬가지다. 계곡, 고원, 강, 호수, 해변, 군목, 늪지대, 심지어는 공기조차도 현대인의 삶의 행태와 테크놀로지의 강한 위협을 느낀다. 이를테면 원고로서 하천은 생태학적 단위를 대변한다. 어부, 카누 여행자, 동물보호가, 원목운반자, 어느 누구를 막론하고 하천이 대변하는 가치, 파괴 위협에 직면한 가치를 지키기 위해 나설 수 있다.[2]

스톤은 법적 권리 인정 요건으로 "1. 법적 행위를 할 수 있을 것 2. 법적 구제 여부를 결정할 때 그 손실을 법원이 고려할 수 있을 것 3. 법적 구제를 통해 그 이익이 증진될 수 있을 것"을 꼽았다. 그리고 이 논거에 기반해 자연물도 마찬가지 권리를 가진다고 논증했다. 자연물도 1. 후견인이나 보호자 또는 수탁자를 지정해서 행위할 수 있고 2. 우리가 동의할 수 있는 이익을 가지며 그 침해를 우리가 인식할 수 있고 3. 자연물을 원상태로 회복하는 데 드는 비용을 청구할 수 있다.[3]

스톤은 재산권 전공 학자였다. 당시에 '상상하기 어려운 권리'를 상상해보는 것이 그의 출발점이다. 미혼 여성은 소유권을 가질 수 없는 시대도 있었고, 노예는 인권을 보장받지 못한 시대도 있었다. 여성의 소유권이나 노예의 인권 모두 그 당시에는 '상상하기 어려운 권리'였으나 역사의 발전에 따라 권리로 인정되었다.

스톤은 다윈이 '인류의 도덕적 발전 역사는 인간의 사회적 본능과 동정의 대상이 지속적으로 확장된 것'이라고 한 말을 인용해서 법률의 역사도 권리에 대한 관심을 넓혀온 역사라고 논증했다. 지금으로서는 상상하기 어려운 자연의 권리를 인정함으로써 인류가 한 걸음 더 진보할 수 있다는 것이다.

지구법학의 시작

토머스 베리는 이 같은 스톤 교수의 주장에 깊은 감화를 받았다.[4] 베리는 《위대한 과업》을 통해 "현재의 법 체계는 인간과 지구의 관계를 다룰 수 없다는 점에서 결함이 있다"고 지적했다.*오직 인간만을 위한 법 체계는 이제 현실적이지 않다는 것이다. 그는 지구의 지질학적 구성 요소와 생물학적 구성 요소에도 각자의 적절한 존재양식과 기능적 역할을 고려해 법적 권리를 제공하는 새로운 법 체계가 필요하다고 설파했다.

베리는 1996년에 '새로운 법학New Jurisprudence'이라는 개념으로 영국 슈마허 칼리지에서 강의했고, 가이아 재단의 설립자들을 만났다. 그리고 그들과 함께 2001년에 첫 번째 지구법학 콘퍼런스를 미국 워싱턴 근교 에일리에서 개최했다. 남아프리카와 런던에서도 연례회의를 가졌다. 영국, 캐나다, 콜롬비아, 브라질, 인도, 미국과 다섯 개 아프리카 국가에서 법률가와 생태학 전문가들이 참여했고, 인도의 세계적 생태운동가 반다나 시바도 함께했다. 2001년 회의에서 베리는 '지구법학의 열 가지 원리'[5]를 발표했고, 2003년 슈마허 센터에서 '모든 존재는 권리가 있다Every Being Has Rights'라는 제목의 강연으로 대단한 호응을 얻었다.[6]

베리는 권리라는 용어를 법률가들이 통상 사용하는 것보다 더 넓은 의미로 쓴다.

우리는 권리라는 개념을 인간의 의무, 책임 그리고 핵심

본성을 이행하고 실현할 인간의 자유를 의미하는 것으로 사용한다. 이를 유추한다면, 다른 자연적 실체도 지구 공동체 자신들의 역할을 실현할 권리자격이 있다는 원칙을 의미한다. [7]

권리란 우주의 서사 속에서 생성된 지구와, 지구생명계 진화 과정에서 출현한 모든 생명이 고유 영역에서 그답게 살다 갈 자격이다. 베리가《위대한 과업》에서 말한 것처럼 "기본 권리란 자연체계 안에서 구성 요소들이 자신들의 기능과 역할을 실현할 수 있는 서식지와 기회를 가지는 것"이다. 권리는 존재와 함께 온다. 존재가 있는 곳에 권리가 있다. 베리는 "인간의 법이 이러한 권리를 존중하지 않는다면 인간 법은 그 어느 때보다 파괴적"이라고 주장한다.

'지구법학의 열 가지 원리' 중에서 핵심 요소는 '존재할 권리' '서식할 권리' '지구의 진화에 참가할 권리'다. 현재 세계적으로 확장 추세에 있는 자연의 권리론에서 지구법학의 이 3대 명제는 확고한 규범으로 자리 잡고 있다.

모든 권리는 역할에 따라 다르다. 특정 종에 각각 국한된 것으로, 종에 따라 다르며 제한적이다. 강에는 강의 권리가, 산에는 산의 권리가 있으며, 바다에는 해양의 권리가 있다. 살아 있는 세계에서 곤충에게는 곤충의 권리가 있고, 꽃에는 꽃의 권리가 있으며, 나무에는 나무의 권리가 있다.

곤충의 권리는 소나무나 물고기에는 적용되지 않는다. 그 것이 우주의 경이로움이다. 친밀한 단결 속에 있는 '엄청난 다양성'이다.

지구 공동체의 다양한 성원들은 이런 권리를 통해 다른 성원과의 관계를 수립한다. 지구 공동체의 모든 성원은 생존에 필요한 영양 공급과 조력 및 지원을 얻기 위하여 지구 공동체의 다른 성원들에게 직간접적으로 의존한다.

2001년 최초의 지구법학 콘퍼런스가 개최된 이후 각지에서 지구법학을 주제로 많은 콘퍼런스와 모임이 시작되었다.[8] 2002년 12월 뉴욕 페이스 대학교 법학대학원과 대학교의 환경아카데미에서 지구법학에 관한 국제학회가 열렸다. 2004년 영국에서는 '야생의 법 워크숍'이 열렸고, 2005년에는 노벨 평화상 수상자인 케냐의 환경운동가 왕가리 마타이와 그의 법률 자문인 응강가 티옹오가 지구법학의 서문을 새로운 케냐 헌법 안에 포함시키자는 캠페인을 벌였다.

2006년 미국 플로리다의 배리 법과대학과 마이애미 세인트토머스 대학교 법학대학원에 '지구법학 센터'가 설립되었다. 2008년에는 콜로라도 주 불더 시에 지구법 센터가 세워져 환경변호사 린다 시한이 대표를 맡아 활동했다. 지구법 센터는 2020년 9월에 교재로《지구법》을 펴냈다.

2009년 호주에서는 지구법연맹Wild Law Conference이 창설되었다.

　우리의 근대국가 사회는 권리 위에 세워져 있다. 권리가 없으면 보호받지 못한다. 그래서 계속 권리주체를 확대해왔다. 어떤 대상에 권리를 부여하지 않는 한 그것을 가치 있는 존재로 보기는 힘들다. 지구법학의 핵심 주제는 이 법체계를 넓히자는 것이다. 인간 중심적 세계관을 지구 중심적으로 바꿔서 우리 존재의 근거를 보호하자는 데 있다. 현재로서는 인간이 지구를 떠나 존재하기 어렵다. 화성 이주 프로젝트나 다행성종으로의 진화도 주장되지만 당장 실현 가능성은 없다. 무엇보다도 인간이 지구위기를 방치하고 다른 서식지로 떠난다는 점에서 책임의 문제가 남는다.

　산업문명이 인간만을 지구의 주인으로 인정하고 자연을 사물과 자원으로 취급함으로써 초래한 위기를 바로잡고, 더 크고 새로운 가치관을 구상하는 방법론이 바로 지구법학이다. 새로운 시대 새로운 문명의 거버넌스를 위해서는 지나친 인간 중심주의를 넘어서는 상상이 필요하다.

지배자에서 대변자로

자연의 권리는 존재론적 당위의 관점에서도
주장할 수 있지만, 필요에 의해 법적으로
보호법익을 인정받을 수 있다는 논거에서도
주장 가능하다. 이제는 과학의 진화에 이어
우리의 법, 제도, 문화, 경제, 행동이 진화할 차례다.

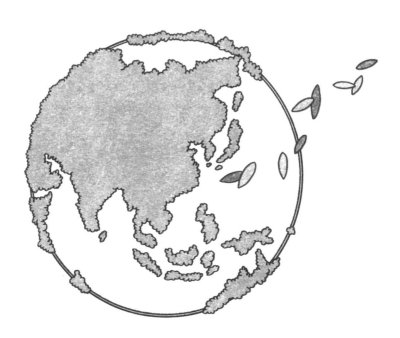

지구법학은 현재 생성 중이며 미래로 열려 있는 총론이자 법철학이다.* 지구법학의 법리적 전개를 위해서는 근대법에 기초하되 그 한계를 넘어 발전시키는 작업이 필요하다. 이 점에서 '인문주의'와 과도한 '인간 중심주의'는 구분해야 한다. 지금은 자연을 일방적으로 통제하지 않고 배려하는 리더십, 즉 스튜어드십이 인간에게 필요하다.9 역사 속에서 축적해온 인문주의 자산과 새로운 가치관의 결합을 통한 전환이 요구되는 시점이다.

2016년 UN의 온라인 대화에서 지구법학 전문가들은 이러한 새로운 인문주의를 위해 자연과의 조화가 살아 있었던 모든 전통사상과 상호 연결성을 발전시키자고 합의했다. 그리고 새로운 주체들의 공동체를 위해 '문자 외의 미디어와 기타 양식을 통한 지구인문학적 소통' '자연보호활동의 장려' '학제 간 및 다양한 영역 간의 협의체 장려' '자연과의 상호 연결을

* 지구법학 외에 '지구법Earth Law' '지구 중심법Earth-centric Law'이라는 용어도 많이 언급된다. 지구법학이 법과 지구 공동체의 규범을 담은 철학적 원리를 가리킨다면, 이 둘은 법 분야에 집중된 명칭이다. 영어로는 구분하기 쉽지만, 한국어로 번역하면 모두 법학과 법을 의미하기 때문에 구분이 어렵다. 지구법학이 다루고 있는 과제는 우주론과 진화론에 기반해 지구 중심적 접근을 통해 공동체의 새로운 패러다임을 구축하는 것이지만, 우리말로는 이러한 규범으로서 법의 영역을 다루는 과제를 지구법학이라고 부르고, 그 외 영역은 다른 표현을 사용하는 것이 이해에 도움이 될 것 같다.

더 잘 반영하는 어휘 개발' 등 네 가지 실용적인 상호 소통 방식을 제안했다. 또한 기초학문에서 철학과 인식론, 문학, 의식의 진화 개념을 포함한 생태심리학과 역사, 구체적으로는 아인슈타인과 토머스 베리의 저서가 깊이 연구되어야 한다고 지적했다.

근대법과 지구법

근대법과 지구법학의 가장 큰 차이는 인간의 법적 지위에 있다. 1948년 세계인권선언으로 확립된 근대법의 인본주의는 국가를 비롯한 전체주의의 공격으로부터 인간을 보호하는 것에 초점이 맞춰져 있는 데 반해, 지구법학은 자연보호에 중점을 두고 있다. 이것은 인간을 포괄하는 전 지구 공동체의 정신이며, 인간은 다른 종들을 보호하는 법적 지위를 갖게 됨으로써 스튜어드십과 가디언십, 즉 후견인이나 관리인에 해당하는 '지구지킴이'로서의 역할을 새롭게 부여받는다.

'주체들의 친교'로서의 지구 공동체는 신뢰와 존중을 바탕으로 구축되어야 한다. 이 공동체에서는 인간의 역할과 자세가 '지배자'에서 '대변자advocate'로, 리프킨의 표현에 따르자면 '인간 중심적 분리주의자'에서 살아 숨 쉬는 지구와 함께하는 '진정한 참여자'로[10] 바뀌어야 한다.*

인간 단독의 공동체에서 복수 주체의 공동체로 전환해 나가는 것은 어찌 보면 지금 우리가 겪는 문화의 변화 추세와 일맥상통한다. 인권이 개선되고 정보화사회가 열리면서 전 세계가 상호 연결되고 상호 소통하며 관계성을 강화해나가고 있다. 소수 지배그룹이 의사결정권을 독점하던 시대에서 모든 사람이 의사결정에 참여하는 시대로 전환되고, 다양한 문화가 공존하는 시대로 급변하고 있다. 각 지역과 문화의 다양성이 수용되고 지구가 하나로 움직이는 실시간 공동체로 진입했다.

여기에 더해 지구에 살고 있는 다른 모든 주체의 숨소리와 목소리에 귀 기울이면서 그들을 복수 주체 공동체의 세상으로 초대하는 것은 매우 경이롭고 기대되는 미래상이다. 우리를 좇아왔던 성장 신화를 바꿔내려면 새로운 가치가 필요하다. 영토 확장이나 사회 계급의 꼭대기로 올라가려는 성취욕으로부터 벗어나, 낯설지만 신선한 다른 주체들과의 만남을 통해 더 깊고 풍요롭고 성숙한 성장으로 나아가는 비전 말이다. 우리가 쌓아온 과학기술의 역량과 다원사회를 향한 인식의 발전이 그것을 가능하게 하고 촉진할 것이다.

• 자연의 권리와 관련해서는 인간의 역할에 대한 법리 구성이 필요하다. 현재의 법 체계에서도 이미 사람에 대한 법정대리인, 친권자, 후견인, 관리인과 같은 대변자의 역할이 제정되어 있다.

근대법의 기초는 인간 존엄에 있다. 세계인권선언은 "인류 가족 모두의 존엄성과 양도할 수 없는 권리를 인정하는 것이 세계의 자유, 정의, 평화의 기초다"라면서 제1조에 "모든 사람은 태어날 때부터 자유롭고, 존엄하며, 평등하다"고 했다. 우리 헌법은 제10조에 "모든 국민은 인간으로서의 존엄과 가치를 가지며, 행복을 추구할 권리를 가진다"고 명시했다. 인간 존엄이 20세기의 제노사이드에 저항해 확립된 기본적 규범이라면, 지구법학의 자연 존중은 종의 학살biocide에 저항한다. 대멸종을 인간에 의한 학살로 감각하는 것. 거기에서 지구 공동체가 출발할 수 있다.

2019년 11월 프란치스코 교황은 국제형법협회AIDP에서 연설하면서 생태학살ecocide을 '평화에 반대하는 다섯 번째 범죄 범주'로 인정할 것을 국제 사회에 촉구했다. 2021년 6월에 전 세계 법률가들이 '제노사이드 외에 종의 학살'을 새로운 유형의 국제범죄로 채택하기 위한 법 초안을 작성했다. 이 초안은 '생태학살'의 역사적 정의를 "환경에 심각하고 광범위하거나 장기적인 손상의 상당한 가능성이 있다는 것을 알고 저지른 불법 또는 완고한 행위"로 규정했다.[11] 생태학살은 1972년 스톡홀름회의에서 이미 스웨덴 총리 올로프 팔메가 그 개념을 제안했고, 수십 년간 국제사회에서 논의가 전개되어왔다. 생태학살을 국제

범죄로 규정하는 문제에는 프랑스 마크롱 대통령도 호응하고 있다.

인간 존엄과 자연 존중은 모두 역사적 필요에 따라 요구된 실천적 개념이다. 이 자연 존중을 어떻게 '생명의 존중과 가치'로 개념화할 것인지 고민하고 연구해야 한다.[12] 지구법학은 진화적 서사인 우주론에 근거해서 지구와 인간의 관계를 설명한다. 만일 지구법학을 법 체계 안으로 받아들인다면, 헌법 전문에 인간과 자연의 권리는 모두 우주로부터 유래하되 인간에게 다른 주체와의 관계에서 맡을 새로운 역할이 부여될 것이다.

인간 존엄의 관점에서 보면 인간이 스스로 위기를 초래한 상황은 자기파괴적이다. 이러한 자기파괴적 인간상은 규범의 예상을 벗어난 것이다.[13] 인간은 자기파괴성을 벗어나서 존엄한 존재다움을 지켜야 한다. 생명 존재를 파괴로부터 방어하기 위해 단순 객체로 취급하는 것이 아니라 주체성을 부여하는 것은 이 점에서도 논의될 필요가 있다. 나아가 인간 존엄을 지키기 위해서도 '법치국가의 신뢰와 연대, 즉 상호 의존성 및 상호 원조성을 자연 생명과 인간의 관계에도 확대 적용할 수 있는가?' 역시 검토되어야 한다.

인간 존엄의 중심 요소는 타자가 나를 함부로 다룰 수 없고 나 자신이 나를 결정한다는 의미의 '자기처분성'이다. 이를 유추하면, 자연을 주체로 인정한다는 것은 자연을 함부로 취급해서 해치고 손상하지 않는다는 것을 뜻한다. 공동체에서 권리의 본질과 다양성, 차이, 층위의 문제는 과학적 접근을 기반으로 계속 검토해야 할 것이다. 우주의 속성과 힘을 인간과 나눠가지고 있는 지구에게 인간이 어떠한 법적 지위와 속성을 부여할 것인가를 결정하는 것은 우리 모두의 과제다.

변화의 최종 목적지는 법

20세기의 양자역학과 상대성이론은 고체라고 믿었던 가장 작은 단위의 입자가 실은 빛이면서 파동이고, 상호 연결로서만 파악되며, 관찰자와의 관계에서만 인식되는 것임을 밝혔다. 이는 완전한 패러다임의 변화로 과학에 새로운 세계를 열었다. 그러나 뉴턴의 기계론적 세계관 속에서 힘과 운동법칙의 고전적 과학과 결합되어 있는 데카르트식의 이분법적 세계관은 아직도 공고하며, 법학은 이를 뒷받침하고 있다.

변화의 최종 목적지는 법이다. 1972년 스톡홀름 선언 이후 자연은 인간의 환경으로 삽입되기 시작했지만, 기초법인 민법은 주체와 객체를 엄격히 나눠서 인간 외의 모든 존재는 원칙

• 민법 98조도 자연을 유체물에 포함시켜 물건으로 정의하는데, 법무부는 2021년 7월 '동물'의 법적 지위를 물건에서 제외하는 조항을 신설하겠다는 개정안을 마련해 입법예고 했다.

적으로 '물건'이라고 규정하고 있다.*

법의 주체가 중요한 이유는, 그것이 법학 사고의 기본 단위이기 때문이다. 법적 주체만이 법적으로 인식되는 단위라 할 수 있다. 법적 주체이기 때문에 권리를 보유할 수 있고 의무를 부담한다. 만일 어떤 사물의 법적 주체성이 인정되지 않는다면, 그 사물은 전혀 법적으로 인식될 수 없고, 법적으로 기능하지도 못한다.[14] 기계론적 세계관에 근거한 이 같은 시각은 '살아 있는 존재'인 자연을 지나치게 사물화했고, 이로 인해 뿌리 깊게 패인 흠에서 산업화 시대의 무한성장과 착취로 인한 현재의 위기가 초래되었다.

우리는 경제성장의 시대적 요청에 부응해 이미 인간이 아닌 '회사'에 법적인 주체의 자리를 주고 법인격legal person을 확장시켰다. 법인격은 법이 부여하는 주체성이다. 시대의 필요에 따라 법인격은 유연하게 열려 왔다. 이 점에서도 자연에 법인격을 부여할 여지가 있다. 자연의 권리는 존재론적 당위의 관점에서도 주장할 수 있지만, 필요에 의해 법적으로 보호법익을 인정받을 수 있다는 논거에서도 주장 가능하다. 이제는 과학의 진화에 이어 우리의 법, 제도, 문화, 경제, 행동이 진화할 차례다.[15]

지구법 체계를 지닌 미래의 궁극적 지구 공동체는 주체 간 소통을 위해 언어 창조와 통역이 중요해질 것이라고 예

근대법과 지구법 체계 비교

비교	근대법	지구법
공동체	인간 공동체	지구 공동체
근본 규범	인간 존엄	자연 존중과 인간 존엄
규범의 근거	없음(천부설)	우주 cosmology
주체	인간과 법인	인간, 법인, 자연(생물체)
기본권	인간의 권리	지구권, 자연과 인간의 권리
기본권의 제한	국가안보, 질서유지, 공공복리	지구안보, '제한의 법칙The law of limits', 공공복리
의사결정절차	민주주의	생명주의Biocracy
법의 지배	시민법의 지배	지구법의 지배
협의체	국가연합	종의 연합
평화론	세계평화	지구평화
문명	인류세, 산업문명	생태대 문명

측한다. 생태대를 지향하는 과학기술은 이 같은 통역을 충분히 가능케할 것이다. 이렇게 다양한 주체들 간에 대화가 이루어지는 공동체를 상상해보면 시詩의 세계가 연상된다. 그레고리 베이트슨에 의하면 은유를 통해 생명을 각성할 수 있다. 생태대는 지구와 공존하는 과학기술을 발전시킨, 진화된 인류의 각성된 사회가 아닐까 생각해본다.

세계적 추세

기후변화에 맞선 '최후의 전장'은
배출량 감축에 초점을 맞추는 것에서
생물권의 권리에 초점을 맞추는 것으로
옮아가야 한다.

현재의 환경권만으로는 21세기의 위기를 대처하기에 미흡한 상황에서 대안으로 등장하고 있는 것이 바로 '자연의 권리'다. 더 이상의 환경파괴를 막고 기후위기를 극복해야 한다는 현실적 필요성에 의해 자연의 권리 운동이 일어나고 있다. 환경권이 인간 중심적 접근이라면, 자연의 권리는 지구와 생명체 중심적 접근이고, 생명과 생태 시스템에 대한 통합적이고 전체적 시각을 드러낸다.

이 관점에서는 자연이 보호 대상이라기보다 법적 주체다. 또한 인간은 자연을 위해 이 권리를 강화해야 할 법적 권위와 책임을 가진다.[16] 요한 록스트룀와 마티아스 클룸이 《지구 한계의 경계에서》에서 "기후변화에 맞선 '최후의 전장'은 배출량 감축에 초점을 맞추는 것에서 생물권의 권리에 초점을 맞추는 것으로 옮아가야 한다"고 한 지적 역시 이러한 통합적이고 전체적 패러다임 전환의 필요성에 동의하는 것이다.

패러다임 전환은 쉽지 않으며 이상적으로 보이지만, 많은 국가에서 천천히 실현해가고 있다. 이 같은 관점을 따른다 해서 자연의 권리를 인간의 권리와 대척 관계라고 보는 것은 아니며, 인권이 자연의 권리 중 한 부분이라고 보아야 한다.[17]

자연의 권리를 인정한 사례

세계적으로 자연의 권리를 인정한 사례는 헌법, 법률, 판결, 조례, 정당 정책 등 다양한 형태로 나타난다.[18] 최초의 사례로는 2006년 미국 지방조례를 꼽을 수 있다. 펜실베이니아 주 타마쿠아 자치구에서 폐광의 유독폐기물이 강과 지하 대수층에 유출되어 오염되었다. 광산회사가 폐기물로 폐광 갱도를 메우고 다른 사업을 하려고 한다는 사실이 알려졌으나, 갱도가 탄광회사 사유지라서 오염을 막을 법적 방도가 없었다.

그러자 지역공동체는 자연생태계의 권리와 자신들에게 영향을 미치는 현안에 관한 공동체의 권리를 인정하는 조례를 통과시켰다. 조례는 "생태계는 규정을 집행할 목적에 한하여 '사람person'으로 본다. 자치구와 거주자들은 자연공동체와 생태계를 대변할 원고적격을 갖는다"고 규정했다. 그리고 이후 10년이 채 안 되어 피츠버그, 산타모니카, 메릴랜드 등 36곳의 지역공동체에서 자연의 권리를 인정하는 지방조례가 통과되었다. 우리나라도 정당 정책이나 지방자치단체의 조례로 자연의 권리를 시도해볼 만하다고 본다.

2008년에는 헌법에 자연의 권리가 명시되는 기념비적인 사건이 일어났다. 2006년 에콰도르에서 좌파 지식인과 원주민, 많은 사회운동단체들이 연대한 정치적 운동에 힘입어 라파엘 코레아가 대통령으로 당선되었다. 그는 신자유주의적 경제 정책을 대체할 대안적 발전 방안을 내놓아야 했다. 그리하여 시민참여적 헌법 개정 과정을 거치는 가운데 원주민과 환경운동가, 법률가들이 환경보호기금CELDF과 협력하고 제헌의회 의장의 지원을 받아 자연의 권리 조항을 헌법에 포함시키기에 이른다. 헌법 전문은 "자연과 조화하면서 자연의 권리를 인정하는 방식으로 안녕well-being을 추구"할 것을 명시했다. 자연의 권리에 대한 내용을 담은 본문 제7장의 71조에서는 "자연은 자신의 생명 사이클, 구조, 기능과 진화 과정의 존재와 유지, 재생을 일체 존중받을 권리가 있다"고 명시했다.

볼리비아에서도 2012년 '어머니 지구 기본법'을 시행, 시민과 단체가 원고적격을 인정받아 자연의 권리를 방어할 수 있게 되었다. 국제사회에서는 2012년 세계자연보존연맹IUCN 회의에서 "자연의 권리는 IUCN 의사결정의 기본적이고 절대적인 핵심 요소"라고 결의하고, 추가적으로 자연의 권리에 대한 세계 선언을 촉구하기로 결정했다.[19]

2017년 뉴질랜드 의회는 세계 최초로 구체적 자연물에 권리를 부여하는 법을 통과시켰다. 뉴질랜드 북쪽 섬의 왕거누이 강의 권리를 인정하는 법Te Urewera Act이 그것이다.[20] 700년 넘게 원주민과 더불어 살아온 이 강을 둘러싸고 최근 150여 년간 원주민과 정부 사이에 다툼이 있었다. 왕거누이 강은 이 법을 통해 법인격을 부여받았고, 강의 권리행사는 마오리 공동체와 정부가 지정한 위원회가 대변하게 된 것이다. 이 법을 통해 뉴질랜드 정부는 원주민들이 강에 대해 가지고 있던 정신을 승인했다.

원주민은 강을 자신들과 분리될 수 없는 살아 있는 유기체로 생각했으며, 섬 중앙의 산에서부터 바다에 이르기까지 모든 물질적이고 정신적 요소를 전체적 시각으로 포용해왔다. 자연을 자신들과 상호 연결된 수평적 네트워크로 본 것이다. 법인격은 강과 거기에 속하는 모든 물리적 정신적 요소를 포함한 대상에게 주어졌다. 또한 후속 조치로 2,100제곱킬로미터에 달하는 뉴질랜드 테 우레웨라 국립공원 숲과 호수 및 강들도 법인격을 부여받았다.[21] 강의 권리를 인정하는 법 제정은 인간과 자연 사이 관계의 재생과 자연의 권리를 보장하는 발걸음의 시작이었다.

인도 우타라칸드 주 고등법원도 2017년 3월 갠지스 강과 야무나 강의 법적 권리를 인정했다. 또 히말라야 산맥의 강고트리 빙하와 야무노트리 빙하에도 법인격을 인정하는 결정을 했다. 대법원에서 취소되었지만, 빙하에 법인격을 인정한 판결은 '인간이 자연을 해쳤다'는 의미에서 상해죄를 인정하는 사례였다.

자연의 권리 주요 연표

연도	사건과 의미
1972년	크리스토퍼 스톤 교수의 논문 「나무도 원고적격을 가져야 하는가?」 ⇨ 현행 법구조 아래에서 어떻게 자연이 권리가 없는 것으로 다루어지는지 서술했다.
2001년	토머스 베리의 논문 「권리의 기원과 분화 그리고 역할」 ⇨ 지구 공동체 모든 성원이 어떻게 내재적 권리를 갖는지 기술했다.
2003년	코맥 컬리넌의 책 《야생의 법》 ⇨ 자연의 권리에 관한 법적 역사적 논의에 중요한 영적 도덕적 요소를 추가하면서 자연의 권리에 관한 새로운 장을 열었다.
2006년	환경보호기금CELDF이 미국 펜실베이니아 스쿨킬 카운티의 작은 마을에 폐기물 회사의 유독물질 투기를 금지하는 법률안 입안 지원 ⇨ 유독물질 투기를 자연의 권리에 대한 침해로 보고 이를 금지하고자 한 것.
2008년	에콰도르 국민이 국민투표에서 헌법개정안에 찬성 ⇨ 에콰도르가 세계에서 헌법에 자연의 권리를 인정한 첫 번째 나라가 되었다.
2009년	제63차 UN 총회가 4월 22일을 '국제 어머니 지구의 날'로 선포
2012년	볼리비아가 어머니 '지구 기본법' 아래 '어머니 지구의 권리 법'을 채택 ⇨ 법령에서 어머니 지구의 권리를 인정하고 있다.
2016년	잉글랜드와 웨일스의 녹색당이 자연의 권리 정책 플랫폼 채택
2017년	뉴질랜드 의회가 왕거누이 강에 생태계로서 법인격을 부여하는 법률 제정 ⇨ 세계 최초로 구체적 자연물에 권리를 부여하는 법. 미국 콜로라도에서 건강한 기후에 대한 인간과 자연의 권리를 인정하고, 이러한 권리에 대한 침해인 석탄 연료 채굴 금지하는 기후권 리장전 최초로 시행.
2018년	콜롬비아 대법원이 콜롬비아 아마존을 '권리 대상'으로 인정
2019년	미국 오하이오 톨레도 주민들이 호수에 '자연적으로 존재하고 번영하며 진화할' 법적 권리를 부여하기 위한 권리장전 채택 ⇨ 특정 생태계의 법적 권리를 보장하는 미국 최초의 법.
2020년	호주 뉴사우스웨일스의 블루마운틴 위원회가 도시 계획 및 운영에 자연권을 통합하기로 결의.

출처: 박태현, 〈지구법학과 자연의 권리〉, 《지구를 위한 법학》,
서울대학교 출판문화원, 2021, 106~110쪽 참고.

천성산 도롱뇽 소송사건

우리나라에서는 자연의 권리와 관련해 2004년 천성산 터널공사에 반대하는 이른바 '도롱뇽 소송사건'이 유명하다. 그 외에도 2018년 2월 설악산 산양의 후견인인 환경단체가 설악산 케이블카 설치에 반대하는 소송을 제기했다.[22] 우리나라는 현행법상 자연물이나 자연 그 자체에 대해 당사자능력을 인정하는 법률이 없기 때문에 이들 소송에서는 모두 당사자능력이 인정되지 않았고, 그 외에도 긍정된 사례를 아직 찾아볼 수 없다.

2017년 제10차 헌법 개헌 논의 당시 국회헌법개정특별위원회 자문위원회의 개헌안과 2018년 3월 공고된 대통령안에 지구생태계와 미래 세대에 대한 책임, 생명체에 대한 보호, 기후변화에의 대처 등 상당히 진전된 내용이 포함되었지만 법제화는 불발되었다.[23]

기후위기 대처가 급박해면서 2019년 3월 〈사이언스〉에는 「자연을 위한 권리 혁명」이라는 글이 게재됐다.[24] 부제는 '자연 시스템을 파괴로부터 보호하기 위한 자연의 권리입문'이다. 2020년에는 유럽경제사회위원회EESC가 「자연의 기본권을 위한 EU헌장을 향하여」라는 비공식 연구보고서를 발간했다. 이 연구는 새로운 지구 환경 거버넌스와 법 제도의 심층적 리모델링이 필요하다는 것을 전제로 자연의 권리에 관한 EU헌장 제정 가능성을 검토한 것이다.[25]

2021년 3월에는 유럽의회가 법무위원회 요청으로 유럽 현실에서 자연의 권리 인정 가능성을 검토한 「자연은 권리를 얻을 수 있는가」라는 연구보고서도 발간했다.[26] 그달에 스위스 녹색당 의원은 자연에 법주체성을 부여하는 헌법 개정안을 제출했다.

이처럼 세계는 지금 상황을 심각한 위기로 실감하고 있고, 제도의 패러다임 전환의 요구를 인식하고 있다. 자연의 권리와 지구법학은 일반화의 문턱을 거의 넘어서고 있는 것으로 판단된다. 2020년 제주대 진희종 교수의 논문 「생태민주주의를 위한 '생태법인' 제도의 필요성」은 자연의 권리에 관한 견해를 피력한 글이라고 할 수 있어 눈에 띈다. 생태법인eco legal person은 미래 세대는 물론 인간 이외의 존재들 가운데 생태적 가치가 중요한 대상에 대하여 우리 법제도에 존재하는 비인간 법인격인 '법인'을 확대 적용해서 법적 권리를 갖게 하자는 제안이다. 생태민주주의 이념의 핵심은 공동체 의사결정 과정에 미래 세대와 인간 이외 존재들의 생태적 이해관계가 고려되어야 한다는 주장을 담고 있다. 그런데 미래 세대나 인간 이외의 존재는 현 세대와 의사소통이 어렵고 법적 권리도 없다. 따라서 생태민주주의를 실현하기 위한 구체적 방안으로 법인제도에 착상한 것이다.

여기에서의 지구법학

이 세계의 정체를 탐구하고 해명하고 싶은 열망,
그리고 사회적 문제에 발언하고 행동을 취할 때
인간을 고려하면서도 가장 조화로운 해법을 찾기 위해
고민하는 것, 그것이 바로 '모색하는 지식'이다.
바로 지구와 사람이 지향하는 바다.

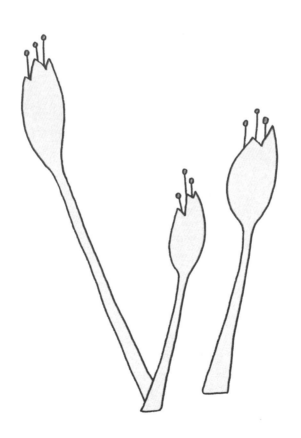

우리나라에서 생태학을 알리고 심화시키는 역할을 한 사람은 2020년 작고한 김종철이다. 영문학자이기도 하지만 그보다는 우리나라의 대표적 생태사상가로 더 널리 알려진 그는 1983년 뉴욕 주립대에서 공부하며 새로운 생태학의 흐름을 접하고 국내에 들여왔다. 독일 녹색당의 운동과 사상에 크게 영향받았고, 2012년 한국의 녹색당 창립에도 참여했다.

1991년에 창간된 〈녹색평론〉은 30년 가까이 한국 생태주의 사상과 운동의 기둥 역할을 했다. 창간사 '생명의 문화를 위하여'에서 그는 "지금 상황은 인류사에서 유례가 없는 전면적인 위기, 정치나 경제의 위기일 뿐만 아니라 무엇보다도 문화적 위기, 즉 도덕적 철학적 위기"라고 보았다.

그는 비평집 《시적 인간과 생태적 인간》에서 1980년대부터 품어온 생태사상과 시학을 연결해 풀어내기도 했다. 생명 공동체에 대한 근본적 감수성은 인간의 본성을 깊이 느끼는 내면화 과정과 연결되어 있다. 우리는 생태적 존재이자 시적 존재로서 스스로를 내면화하는 근본적 전환이 필요하다. 또 그는 《근대문명에서 생태문명으로》에서 상호 부조론, 협동주의, 지역화폐, 기본소득, 시민의회 등과 같은 구체적인 논의를 통해 우정과 환대에 기초한 삶, 농적農的 순환사회라는 분명한 비전을 제시했다.

한편, 우리나라에서 환경권을 추구하는 움직임은 애초 공해문제 대책에서 시작되었다. 1962년 제1차 경제개발 5개년계획이 시작된 다음 해인 1963년에 최초로 공해방지법이 제정되었다. 일본보다도 4년 앞선 것이다. 성장 주도 추세에 법의 실효성을 발휘하기는 어려웠지만 1977년 종합적인 환경오염방지 제도를 수립하기 위한 환경보전법이 제정되었고, 1978년에는 자연보호헌장이 선포되었다. 1980년 보건사회부 내 환경청 설치와 헌법상 환경권 조항 신설, 1981년 환경영향평가제도 실시 등 조치가 이어졌고, 1990년에는 보건복지부 산하 환경청이 환경처로 승격이 되어 독립하는 한편 '환경정책기본법'이 제정되었다. 1994년에는 환경 관련 부처가 한 단계 승격되어 환경부가 신설되었다.

이처럼 우리나라의 환경 제도는 꾸준히 성장해왔다고 할 수 있다. 하지만 현실에서는 행정, 사법에 걸쳐 소극적이고 방어적이라는 평을 받고 있다. 실제로 1990년 이전까지 재판에 의해 환경 사안이 해결된 사례는 전혀 찾아볼 수 없다.[27]

민간 환경운동 역시 시작은 공해문제에서 출발했다. 1980년대에 최열이 최초의 환경운동 전문 대중단체인 한국공해문제연구소를 시작했다. 그 후 1988년에 연구소와

• 1991년 3월 14일과 4월 22일 두 차례에 걸쳐 각각 페놀 30여 톤과 1.3톤이 낙동강으로 유출되어 대구와 영남지역 상수원을 대규모로 오염시켰다. 한국 역사상 최대 공해 사건으로 꼽힌다.

다른 환경단체들의 통합기구인 공해추방운동연합이 결성되어 환경운동은 본격적인 궤도로 진입했다. 1991년에 경북 구미공업단지에서 두 차례 낙동강에 페놀이 유출되는 사고•가 발생했고, 이 사건을 계기로 환경문제가 대중적인 이슈로 부상했다. 1991년에 녹색연합이 창립되었고, 1993년에는 공해추방운동연합을 중심으로 몇몇 기존 단체들이 통합해서 환경운동연합을 발족했다.

환경운동이 고조되던 1990년대 초 종교계의 환경운동도 활발해졌다. 불교, 개신교, 가톨릭, 원불교 등 모든 주요 종교계가 환경운동에 참여했다. 그 배경으로는 아시아 전통 종교의 생태적 성격, 생태신학과 영성의 도입, 많은 신자 수와 재정적 규모로 인한 광범위한 영향력, 종교의 생태적 실천을 통한 조직 운동의 장점 등이 꼽힌다.••

2011년 3월 일본 후쿠시마 제1 원자력 발전소 사고는 국내에 탈핵운동을 불러일으켰다. 2012년에 녹색당이 창당하면서 환경운동은 국가 정치 담론에 합류했다. 녹색당은 환경권의 범주를 넘어 '깊은 생태학'의 가치를 비전으로 제시한 정당으로서, 탈핵과 4대강사업 반대를 의제로 광범위한 환경운동을 전개했다. 핵

•• 2016년 원불교는 개교 100주년을 기념해 100여 개 교당에서 태양광발전소를 설립했다.[28]

연료와 화석연료 에너지를 재생에너지로 전환할 것을 주장했고, 공장식 축산을 반대하고 동물권 중심의 생명권을 내세웠다. 최근 한국사회에서 주요 이슈가 된 기본소득제도에 대해서도 일찍이 제안했다. 세계녹색당연합Global Greens에 가입한 세계주의 정당으로 국제 연대에도 관여해왔다.

녹색당은 2012년부터 2020년 4월까지 세 차례 국회의원선거에 참여했으나 의회 진출에 실패했다. 2020년부터 급변한 현재 기후위기 상황에서 보면 시대의 패러다임 전환을 제시하는 의회 내 정치세력이 없다는 점에서 녹색당의 실패는 매우 아쉬운 대목이다.

기후변화를 직접 다루는 환경단체들로는 2009년 기후변화행동연구소가 창립되었고, 2011년 그린피스 한국 사무소도 문을 열어 기후변화와 에너지 문제를 이슈화하고 있다. 이외에도 환경단체들이 점차 늘어나고 있으니, 2015년 파리기후변화협약에 참여한 대학생들이 주축이 되어 결성된 빅 웨이브, 청년기후비상행동, 청소년기후행동 등의 단체들이 활동하고 있다.

지식 공동체, 지구와사람

2015년에 창립한 '지구와사람'은 생태대 문명을 표방하며 포괄적으로 생태학을 연구한다. 비영리 민간단체로 시작하면서 모임의 사회적 정체성을 어디에 둘 것인가를 신중하게 결정했다. 지구와사람은 한국 환경운동의 맥을 잇거나, 생태학적 정치·사회 활동에 참여하는 운동단체가 아니다. 오히려 기존 민간단체의 활동에서 찾아보기 어려워 아쉬운 지점을 개척하는 노력을 해왔다.

지구와사람은 '학교'를 목표로 한다. 만나서 배우고 가르치고 교류하는 플랫폼을 지향한다. 지구와사람은 처음부터 학술·교육·문화의 세 영역을 미션으로 설정했다. 문화적 감수성을 일깨우는 작업을 통해 학습과정을 만들어내고자 한다. 하지만 대학 수준의 교육기관이 아니라 아주 작은 규모의 모임에서 이런 목표를 추구하며 운영해나간다는 것은 어려운 일이었고, 자주 한계에 부닥쳐왔다.

지구와사람의 정체성 정립은 창립을 주도한 나의 문제의식과 깊이 연결되어 있는 게 사실이다. 이 책 프롤로그에서 말한 것처럼 나는 1980~1990년대에 13년 동안 법원에서 일했고, 행정부를 거쳤다. 주로 수직적이고 권위주의적인 조직문화를 겪었다. 내 관심이 생태학으로 쏠리게 된 배경에는 이 같은 권력 중심 문화에 대한 고민이 자리했다. 이와 함께 분절화한 근대식 전문영역과 삶의 방식이 만든 관료주의와 획일주의, 성과주의의 폐단을 벗어나고 싶은 갈망도 작용했다.

2017년 지구와사람 정기 콘퍼런스 '삶의 세계와 생태적 전망'의 기조대담 '통합적 생태문명의 퍼즐'에 참가한 회원들은, 학문의 진리 추구와 효율성의 분열, 사회와 환경의 분열을 근본 문제로 지적하고 현재의 세계관으로는 우리 현실을 파악할 수도 없고 위기를 실감하기도 어렵다는 사실들을 토로했다. 생태적으로 통합된 삶을 산다는 것은 나 자신부터 나의 사회적 삶을 통합된 세계관으로 꾸려나가야 한다는 것을 뜻한다. 그러나 근대의 삶은 효율성과 기능성의 가치가 진실과 진정성의 가치를 압도한다. 지행합일知行合一, 혹은 격물치지格物致知같이 개인의 내면과 세계가 일관되게 만나는 삶의 태도를 가리키는 말들은 이제 모두 사라졌다. 그래서 지구와사람은 생태 원리를 적용해 다양한 영역의 사람들이 한데 만나서 통합을 이루어나가는 것을 목적으로 삼았고, 우리 사회가 갈등을 해결한다고 제시한 방안들은 오히려 갈등을 증폭시키기도 한다. 왜 그럴까? '생각과 대화'를 멈추었기 때문이다. 어떤 사태에 대해 이분법적으로 의견이 확연히 갈린다는 것은 사려가 깊지 못하기 때문이다. 어떤 행위를 하든 자신의 목표 달성만을 위한 수단에 불과하다면 자기 생각을 고집하게 마련이고, 상대방과의 대화는 단절된다. 대화는 상대방의 생각을 진정으로 성찰할 자세가 갖춰져 있을 때, 즉 나와 다른 생각을 받아들일 수 있고, 존재적으로는 타자와의 공존을 수용할 때 비로소 가능하다.

생태학적으로 보면 세상의 모든 존재가 연결되어 있다. 세계를 해석하는 인간의 사유는 명쾌한 이분법으로 갈라치기 할 수 없다. 하나의 행위를 할 때에도 여러 경우의 수를 생각하고 복잡한 시뮬레이션을 해보는 능력과 지혜를 쌓으면 사회 전체의 자산이 풍요로워질 것이다. 더불어 구성원들이 삶에서 겪는 문제를 헤쳐나갈 해답을 쉽게 찾게 될 것이다. 그것이 좋은 공동체다. 이 세계의 정체를 탐구하고 해명하고 싶은 열망, 그리고 사회적 문제에 발언하고 행동을 취할 때 인간을 고려하면서도 가장 조화로운 해법을 찾기 위해 고민하는 것, 그것이 바로 '모색하는 지식'이다. 바로 지구와사람이 지향하는 바다.

각각의 다양한 존재를 존중하고, 자연스러운 진화를 받아들이며, 그런 원리 속에서 서로 소통하고 네트워크를 엮는 것을 원칙으로 삼는다. 그래서 공동의 활동 못지않게 생명의 친교를 중요시했다. 토머스 베리가 말한 우주의 다양성과 주체(자유로운 개별자들), 그리고 결속-느슨한 연대가 지구와사람의 기본적인 운용원리다. 지구와사람의 활동은 학술과 예술의 결합을 지향하고, 과학과 철학, 법학, 정치학, 사회학의 서로 다른 방향성이 하나의 큰 테두리 안에서 일치되어감을 목적으로 한다.

바이오크라시와
DMZ의 권리

DMZ를 주제로 바이오크라시와 지구 거버넌스,
자연의 권리와 같은 지구법학적 과제를 놓고
국제적인 연구와 토론, 합의 과정을 형성해
나가는 것은 한반도 평화를 향한 의미 있는
작업이 될 수 있다.

지구와사람은 2018년 캘리포니아 클레어몬트 신학
대학원의 존 B. 캅 교수와 에코시브Institute for Ecological
Civilization 등 단체를 초빙해 판문점이 위치한 파주에서
'한반도와 동아시아의 생태적 전망' 콘퍼런스를 열었다.[29]
당시는 마침 남북 정상의 4·27 판문점선언으로 한반도
평화 이슈가 희망적으로 고조되는 시기였다. 이때부터 지
구와사람은 한반도와 비무장지대DMZ 공간에 대한 지구
법학적 접근에 관심을 가지게 되었다.[30] DMZ는 70년 동
안 사람의 왕래가 끊어지면서 자연의 자생성에 힘입어 생
명 공동체 공간으로 변했다. 생명 공동체는 '(인간과) 비인
간 존재 그리고 이들의 생존과 번영을 떠받치는 토양, 물
등 생태계로 구성된 유기적/무기적 네트워크'로 정의할
수 있다.[31]

　DMZ를 생태·평화의 개념으로 접근하는 데는 일반적
으로 의견이 일치되지만, 지구법학의 차별성은 자연의 권
리를 중심으로 한 법과 거버넌스를 만들어보자는 데 있다.
거버넌스의 의사결정 구조는 민주주의인데, 자연을 보호
하기 위해 자연의 대변인에게 발언권을 주는 것, 혹은 자
연의 권리를 의사결정 과정에서 고려하는 것은 기존 민주
주의에서 한 차원 더 생태적으로 넓어지는 결정이다. 이

를 바이오크라시(생명주의)biocracy라 부를 수 있다. 바이오크라시는 최근 비非인간 존재의 행위에 주목하는 국가-자연의 정치생태학적 접근*도 포함한다.

* 정치생태학은 프랑스 철학자 브뤼노 라투르의 행위자-연결망 이론을 차용한 학문이다. 무기물을 포함한 자연을 비인간 존재 행위소 actant로 보고 '사실'은 인간과 비인간에 의해 공동으로 생산되는 관계적 효과로 인식한다. 한편 국가는 영역적 통합체라는 차별적인 위계적 기구로서 '국가-자연'이라는 상호적 국가 행위를 만들어내는 담론적 물질적 구성의 특성에 주목한다.

생명주의와 DMZ의 권리적 접근

바이오크라시는 아직 완전하게 정립된 용어는 아니지만, 지구법적 민주주의, 비인간 존재의 의사결정권을 포함해 새로운 정치 과정을 모색하는 시도를 통틀어 일컫는 말이다. 경희대학교 안병진 교수는 2020년 2월 지구와사람 특강에서 "시간적으로는 미래 주체도 의사결정에 포함시킨다"고 설명했다. 토머스 베리 역시 《황혼의 사색》에서 "인간 공동체는 제한적 형태의 민주주의에서 더 포괄적인 생명주의로 옮겨가고 있다. 우리에게 필요한 것은 인간들을 위한 체제일 뿐 아니라 전체 대륙을 위한 체제다. 우리에게는 더 큰 지구 공동체 모두가 참여하는 체제가 필요하다"고 강조했다.

말하자면, 지구법학에서는 현재의 인간과 법인으로 확대된 주체론이 자연과 비인간 존재, 미래 세대로 확장된다고 할 수 있다. DMZ를 비인간 존재의 생명 공동체로 본다

•• 클라우스 보셀만 교수는 인간과 비인간 존재를 포함한 '생명' 공동유산, 또는 '자연의 권리'로 접근하는 수탁 이론 trusteeship governance을 제시했다.

면 기존의 법 체계적 소유와 지배 개념은 변경되어야 하며, 생태학적 관점에서 '커먼스'와 지구 거버넌스로 접근하는 것이 적절하다.••

한반도 신기후평화체제론

DMZ와 한반도는 국제평화 이슈가 집중된 지역이다. 현재의 신기후체제는 석유 패권 시대에 마침표를 찍으면서 국제정치상황에도 큰 변화를 초래하고 있다. 미중 갈등이 고조되는 상황에서 한반도는 더욱 중요한 전략적 고려로 부상할 것이다. 안병진 교수의 제안으로 2021년 평창평화포럼에서는 신기후체제와 한반도 평화론을 통합하는 '신기후평화체제론'을 다루었다. 한반도 평화를 위한 다자주의에 미래 세대를 포함시키고, 비인간 존재도 참여하는 새로운 거버넌스 구조의 실험장으로서 한반도를 제시한다면 전 세계적으로 요구되는 미래지향적 보편적 갈등 해결 원리를 만들어낼 수 있을 것이다. '신기후평화체제론'은 국가 간 갈등 조절과 세계평화론을 지구평화Pax Gaia[32]로 확장한다.•••

••• 2010년 지구헌장은 "평화란 자신과 다른 사람들, 다른 문화와 생활, 지구와 우리가 자신들이 속한 더 큰 전체와의 올바른 관계로 창조되는 '전체성'임을 인지한다"고 했다.

지구의 평화는 기후위기 해결 과정

에서 상호 협력하며 담아낼 수 있다. 지구의 평화는 어떤 고정된 상태가 아니라 높은 수준의 인내가 필요한, 양극 간 긴장에 의해 활성화되는 창조적 과정이라는 점을 이해해야 한다. 이런 의미에서 DMZ를 주제로 바이오크라시와 지구 거버넌스, 자연의 권리와 같은 지구법학적 과제를 놓고 국제적인 연구와 토론, 합의 과정을 형성해 나가는 것은 한반도 평화를 향한 의미 있는 작업이 될 수 있다.

지금까지 '공간'으로 간주해온 환경을 '생명 공동체'로 바라보는 것은 우리의 기존 사고체계와 사회체계를 전환하는 계기가 될 수 있다. DMZ 등 접경지역을 단순한 생태보전지역으로 보는 것이 아니라, 전혀 새로운 자기규율 체계를 가진 실체로서 상상하는 것만으로도, 시민공동체에 인식 전환의 효과를 불러일으키고 평화 교육의 새 차원을 열 수 있다. 이 같은 시각은 DMZ와 같은 접경지역 문제뿐 아니라 다른 보편적 영역에서도 생태, 평화, 발전을 결합한 전체적 관점을 획득하게 하는 자극제가 될 것이다.

코로나와 지구 아이

2020년에 코로나 팬데믹은 점차 심해졌다. 지구와사람은 해마다 4월 22일 지구의 날을 맞아 기념행사를 해왔지만 그해에는 하지 못했다. 지구의 날 밤에 지구와사람의 문화예술담당인 연극배우 강영덕의 아들인 윤우가 엄마 뱃속을 두드리며 탄생을 알렸다. 다음날 12시에 세상에 나왔는데, 곧바로 마스크를 써야 했다.

2021년 지구의 날에는 코로나가 가라앉지 않은 상황을 감안해 '지구를 위한 침묵'을 주제로 온라인 영화제를 개최했다. 이 자리에서 윤우가 출연하는 단편영화 〈지구 아이Earth Eye〉를 프리미어 상영했다. 아이가 눈을 떠간다. 갓 태어난 아기는 0.03의 시력으로 세상을 보고, 6개월이 되어서야 0.1 정도의 시력을, 1년이 되면 0.2 정도의 시력을, 그리고 세 살이 되어서야 1.0의 시력을 갖춘다고 한다. 6개월부터 아이의 눈은 세상의 형상을 즐기고 맛볼 수 있게 된다. 뿌연 세상을 바라보는 경이는 이루 말할 수 없을 것이다. 그렇게 1년의 시간 동안 보이는 모든 것을 만지고 감각하고 맛보고 느낀다. 그런 아이에게 마스크가 자꾸 눈을 찌르고 숨을 못 쉬게 방해한다면, 바람을 코로도 입으로도 느낄 수 없다면….

지구는 우리에게 눈을 선사했다. 지구 나이 45.6억 년, 약 30억 년 전으로 추정되는 생명의 초기 단계에서도 빛을 따라 감각을 발전시켰지만, 약 5억 년 전에야 삼엽충이라는 생명체가 처음으로 눈을 떴다고 한다. 다양한 감각이 출현하면서 생명은 세상을 보고 맛보고 만지는 노력을 하며 조심스레 진화했다. 인간은 지구상에서 처음으로 지구를 바라보게 된 존재다.

〈지구 아이〉는 지구와 인간의 관계를 돌아보면서 첫 눈을 뜨는 아이의 시각으로 새로이 시작하는 희망을 조심스레 더듬고 있다. 그것은 5억 년 전 생명체가 처음으로 눈을 뜬 경험이 갓 태어난 아이에게서 반복되는 경이로움을 감각할 수 있느냐 하는 우리 감수성의 문제를 제기한다.

올해 한 살 된 손녀를 둔 지인이 "아이는 '어린 사람'이 아니라 그 자체 경이로운 '새로운 존재'의 출현"이라고 감회 어린 이야기를 전해왔다. 아이의 시각을 통해 다시금 깨닫는 것이 있다. 우리가 지구의 눈이며, 파괴자이면서 또한 미래의 전망을 제시하는 선지자visionary라는 사실.

인간은 지구가 낳은 의식이다. 지구의 이야기 속에서 아주 천천히 걸어나왔다. 두 발로 서서 뒤뚱뒤뚱 무거운 머리를 천천히 흔들며, 두 손으로 쉴 새 없이 만지고 만들며 진화를 되돌아봤다. 이런 인간이 어느 날 눈이 멀었다. 지구의 생명체들이 죽어 지구에 묻히고 수십억 년의 세월을 거쳐 석유와 석탄 화석이 되었다. 인간은 화석을 파내어 탕진했다. 검고 끈끈한 화석이 얼굴을 뒤덮고 눈을 멀게 했다. 인간은 마음을 잃었다. 진화의 긴 그림자도 잃어버렸다. 이대로 가면 인간은 죽을 것이다. 그러나 가이아는 살아 있다. 눈을 잃어가면서 침묵하는 지구.

한 사람이 차이를
만들어낼 수 있다

SDGs , ESG와 지구헌장

ESG경영의 핵심은 사업의 미션 및 전망을
지속가능발전의 미션 및 전망과 일치시키는
것이다. 그리고 장기적인 데이터 축적을 통해
수치로 표시되어야 한다.

2019년 봄 아시아미래기업포럼에서 기업의 지난 100년 역사와 미래를 전망해보는 강연을 할 기회가 있었다. 그때만 해도 국내에 지속가능발전목표SDGs에 대해서는 어느 정도 알려진 상황이었으나, ESG 경영에 대한 논의는 찾아보기 어려웠다. 2021년 초에 내가 근무하는 법무법인 원에서 ESG에 관한 법률대응 문제를 논의하기 시작했고, 한 군데 정도의 포럼이 관련 세미나를 시작한 수준이었다.

그러다가 갑자기 열풍처럼 ESG 붐이 일었다. 그 원인은 2050 탄소중립 정책이 현실화되면서 수출과 투자유치에 까다로운 조건을 요구받게 된 데 있다. 미국 바이든 정부가 들어서면서 적극적으로 기후대응 정책을 전개하고 있는 이유도 있다. 이제는 기업들 거의 모두가 ESG 경영을 주창하지만 아직은 일부를 제외하고 대세를 따르는 수동적 움직임으로 보인다. 기업들 내부에서 충분히 상황의 심각성을 인식하고 적극적으로 전환의 준비와 노력을 갖췄다고 하기에는 준비 시간이 짧았다. 일각에서는 이를 일시적인 현상이라고 자조적으로 바라보기도 한다.

그러나 ESG로의 전환은 거스를 수 없는 흐름이다. 기업이 적극적이고 각성된 자세로 스스로를 바꿔나가느냐, 흉내만 내다 마느냐 여부는 우리가 이 패러다임 전환을 주도해서 더 잘 살아남을 것인지, 아니면 세계의 전환 국면에서 뒤처질 것인지를 가름할 것이다.

사실 ESG는 애초에 금융계에서 지속가능발전의 현재화를 위해 만들어낸 용어다. ESG는 3대 비재무 지표를 뜻한다. ESG를 관통하는 정신은 '지속가능성'이다. 인류와 기업의 지속가능발전을 위해 기업은 재무 성과뿐만 아니라 비非재무 성과도 관리할 필요가 있다는 것이다. ESG 경영의 핵심은 사업의 미션 및 전망을 지속가능발전의 미션 및 전망과 일치시키는 것이다. 그리고 장기적인 데이터 축적을 통해 수치로 표시되어야 한다.

ESG라는 용어는 1992년 설립된 UN 환경계획 금융이니셔티브UNEP FI를 중심으로 논의되어 왔다. 2004년 6월에는 UN 글로벌콤팩트°와 국제금융공사IFC, International Finance Corporation, 스위스 정부가 공동으로 발의한 이니셔티브 '누가 이기는가Who Cares Wins'에서 공식적으로 제안했다고 알려져 있다. UN 글로벌콤팩트는 20개 대형 금융기관과 함께 "기업들의 성공적인 경영을 위해, 특히 주주들의 가치를 증가시키기 위해 기업의 환경적 사회적 그리고 거버넌스 측면의 사안을 관리해야 한다"고 밝히며 ESG의 의미를 정의했다.

° 기업들의 지속균형발전 동참을 장려하고 국제사회윤리와 국제환경을 개선하고자 만들어진 UN 산하 전문기구.

2006년 UN 글로벌콤팩트에서 사회 책임투자에 대한 글로벌 이니셔티브 설립을 결의한 결과, 'UN 책임투자원칙 UN PRI'을 선언했고, 투자자의 의무와 책임을 규정한 여섯 가지 원칙과 함께 ESG 투자 개념이 본격화되었다. 지속가능성 투자 원칙을 준수하는 UN PRI는 코피 아난 전 UN 사무총장 주도로 전 세계적으로 확대되어 2021년 1월 기준 3,615개 기관이 가입했다. ESG의 골격을 마련했다고 평가받는 UN PRI는 현재 전 세계 기관투자가들의 책임투자 흐름을 이끌고 있는 가장 큰 이니셔티브 역할을 하고 있다.

2017년부터 유럽연합은 국가 차원의 규제를 강화해 500인 이상 기업에 대해 ESG 정보 공개를 의무화하고 있다. 2018년에는 유럽 기업에 적용되던 '비재무 정보 공개지침'도 확대했다. 2025년부터는 모든 상장사로 공개 의무 범위를 더 넓히기로 하고, 공시 의무 대상도 연기금에서 은행·보험·자산운용사 등 금융회사로 확대했다.

우리나라에서도 ESG 공시 의무화가 당면 과제로 떠오르고 있다. 금융위원회는 2025년부터 자산 2조 원 이상 코스피 상장사의 경우 ESG를 의무적으로 공시해야 한다고 예고했고, 2030년 이후에는 공시 의무를 전체 유가증권시장 상장사로 확대한다고 공지했다. 국민연금도 ESG를 고려한 투자 비율을 전체 포트폴리오의 50퍼센트 이상으로

상향 조정하겠다고 발표했다.*

현 단계 ESG 논의의 한계

지속가능발전과 ESG 경영이 국제사회에서 추진되어온 과정을 살펴보자면 이러한 흐름의 시원이라 할 수 있는 1987년 「우리 공동의 미래」와 1992년 리우회의에서 지구헌장 제정에 실패한 사실을 다시금 주목할 필요가 있다.

당시 「우리 공동의 미래」는 지속가능발전의 핵심으로 기술과 사회조직의 상태가 '환경의 능력에 미치는 한계'의 개념을 포함시켜야 한다고 주장했다. 일정한 한계를 넘어서면 생태학적 재앙이 발생하고 궁극적인 한계가 존재한다. 지속가능성을 유지하려면 한계에 도달하기 전에 모두 나서서 한정된 자원을 공평하게 사용하고 한계의 압력을 줄이기 위한 기술적 노력을 쏟아야만 한다. 자원의 사용이 생태계 체계에 미치는 포괄적인 영향력을 고려하고 식물 종과 동물 종을 보존해야 한다.

• 최근 우리나라에서도 기업의 지배구조에서도 많은 변화가 요구되는 상황이다. 기업의 의사결정 과정에 환경 및 사회문제와 관련된 결정 주체를 참여시켜야 하기 때문이다. 2019년 8월 미국 비즈니스라운드테이블 BRT 연례 회의가 이런 취지의 '이해관계자 자본주의 stakeholder capitalism' 논의에 불씨를 지폈고, 이어 다보스포럼의 의제로 제안되었다. 애플, 아마존, 월마트, 블랙록 등 미국에서 가장 영향력 있는 기업 CEO가 참여한 BRT는 "주주 이익 극대화가 기업 목적의 전부는 아니다. 이제는 '기업의 이해관계인 모두'를 만족시켜야 한다"는 내용에 서명했다.

•• 30년 후인 2021년 현재, 산업화 이전보다 기온이 1.5도 이상 상승하지 않도록 하자는 '2050 탄소중립'을 향해 세계가 움직이는 흐름은 지구헌장 정신인 지구 한계를 받아들인 경우에 해당한다.

2021년 6월 자연자본관련 재무정보공시 태스크포스 TNFD, Task force on Nature-related Financial Disclosure가 UN기구들을 중심으로 공식 출범했다. TNFD는 전 세계 기업들이 2030년까지 생물 다양성 관련 손실을 최소화할 수 있도록 다양성 관련 지표를 공개하는 틀을 개발할 예정이다. 전세계 경제 생산량의 절반 이상이 자연 의존적이므로 생물 다양성 훼손이 곧 기업의 재무적 위험으로 연결될 수 있기 때문이다. 이것도 생물 다양성의 급격한 손실의 한계를 받아들인 흐름으로 이해할 수 있다.

보고서 부록인 입법안에는 지속가능발전 과정에서 생물권의 기능에 필수적인 생태계와 생태학적 과정을 유지하고, 생물 다양성을 보존해야 한다고 규정했다. 그러나 지구헌장은 결국 채택되지 못했다.••

UN의 지구헌장 제정이 불발되자 민간 영역에서 헌장 제정 활동이 시작되었다. 리우회의 사무총장이었던 모리스 스트롱이 세운 지구위원회 Earth Council와 구소련의 전 대통령 미하일 고르바초프가 설립한 국제녹십자 Green Cross International가 힘을 합쳐 1994년 시민사회운동으로 '지구헌장 이니셔티브'를 시작했고, 1997년에 지구헌장위원회 Earth Charter Commission가 출범되었다.

스테판 록펠러를 수장으로 하는 위원회는 2000년 3월 파리에서 전문과 16개의 조항, 겸어 '앞으로 나아갈 길'로 구성된 지구헌장을 마침내 선포했다. 헌장의 포괄성을 확보하기 위해 전 세계적으로 각종 기관과 개인의 자문을 수백 차례 거쳤다. '지구헌장 이니셔티브'는 현재까지 세계

자연보존연맹ICUN 등 2,000개 넘는 기관의 승인을 받았고, 지속적인 홍보와 교육활동을 하고 있다.[1]

지구헌장과 현재의 SDGs(지속가능발전목표) 혹은 ESG 논의에는 어떤 차이가 있을까? 전자가 성장의 한계를 명백히 하고 자연과의 공존에 유의해야 한다는 생존조건을 명확히 한 데 반해, 후자는 우리 사회경제의 전체적인 한계가 어디까지인가에 대한 개념이 약하다. 현재 한국사회에는 탄소중립, 즉 이산화탄소 배출을 줄이기 위해 화석연료 에너지를 더 이상 쓰면 안 된다는 인식은 형성되었지만, 여전히 거대한 가속의 GDP 성장론을 유지하고 있기 때문에 에너지 전환이 가져올 미래 경제구조의 변화에까지는 아직 고민이 미치지 못하고 있는 듯하다.

지구헌장 서문은 우리가 하나의 지구 공동체임을 명심해야 한다고 선언한다. 지구는 '고유한 생명 공동체'다. 지구헌장은 경제, 사회, 환경의 연결성과 포괄적 해결 방안을 요청한다는 점에서 지속가능발전 논의를 잇고 있다. 헌장은 우주론과 생태론, 정의, 평화가 서로 연결되어 있다는 종합적인 비전을 제시한다. 그래서 다 함께 공유하는 지구의 미래를 위한 '상호 의존 선언'이라고 불린다.

지구헌장은 '생명 공동체의 존중과 보호' '생태보전' '사회·경제 정의' '민주주의, 비폭력, 평화'라는 네 개의 원칙 아래 16개 조항으로 구성되어 있다. 특히 원칙 제1조인 '생명 공동체의 존중과 보호'는 "모든 존재는 상호 의존적이며, 모든 생명체는 인간의 유용과 관계없이 가치를 지님을 인식한다"는 내용을 통해 '깊은 생태론'을 반영한다.

2000년 지구헌장이 선포되고, 2015년 지속가능발전목표와 파리기후변화협약이 성립되기까지 과정은, 인류가 환경과 생태 문제를 '머리로는 알면서도 몸으로 실천하는 데' 50년 가까이 걸린, 더디고도 뼈아픈 좌절과 성공의 역사였다.

제로의 시간에서 시작하기

지속가능하고 성숙한, 역동적 사회를 만들기
위해서는 물질적인 성장만을 반영하는 현재의
경제지표를 보다 '깊은' 지속가능 성장지표로
바꿔 성숙한 성장경제와 사회의 기준을 제시할
필요가 있다.

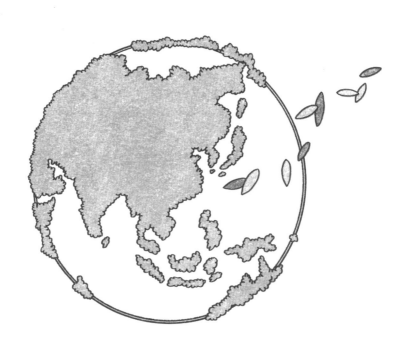

다행히도 2015년 UN 지속가능발전목표가 설정되고 신
기후체제가 시작된 이래 세계는 행성 경계를 지키며 안전
한 생존공간을 가늠하는 방향으로 서서히 변화하고 있다.
　　요한 록스드룀과 마티아스 클룸의 《지구 한계의 경계에
서》는 현재의 신기후체제에서 세 가지 '제로' 공식을 제안
한다. 첫째, 세계는 2050년대에 이산화탄소 배출량 제로,
즉 '넷 제로' 사회를 목표로 한다. 둘째, 생물 다양성 감소
추세를 멈추기 위해 '종 상실률 제로'에 도달한다. 마지막
으로 지금까지는 지표면의 절반을 농경지나 도시로 전환
해왔으나 미래의 강수량, 탄소싱크carbon sink(탄소를 함유하
는 유기 화학 물질을 축적하고 저장할 수 있는 저장소), 모든 살아 있
는 종들의 서식지를 안정화하기 위해 '농토 확대율 제로'
상태로 인류에게 식량을 공급한다. 이 '3대 제로' 공식이
안전한 지구 운용을 목표로 한 세계 발전 어젠다의 골자다.
　　이 같은 '제로의 시간'을 출발점으로 삼아 우리는 지질
시대적 대전환을 이루고 전체가 함께 앞으로 나아가야 한
다. 록스트룀은 이를 '한계 내 성장growth within planetary
boundaries'이라고 부르는데, 지구 중심적 사고의 전환을
담은 '지구적 성장, 지질시대의 성장Geologic Growth'이라
는 적극적인 개념이 더 좋다고 본다. 이 지구적 성장은 행

성경제, 복잡계 경제라고도 이름 붙일 수 있다.•

새로운 지속가능발전 지표를 찾아서

'성장하다to grow'는 '나고 자라서 성숙한 상태에 이르다'를 뜻한다. 이 점에서 근대는 물질적 영역의 발달과 동시에 자의식도 발달해 '성인'이 된 사회이기도 하다.² 성장 개념은 신체를 유지하는 물질적 요소가 축적되는

• 로마클럽은 2010년 「블루 이코노미」라는 보고서에서 생태계를 모방한 모델이 궁극적으로는 효율적 생산과 소비 운영의 매혹적인 전범을 제시한다고 주장했다. 생태계의 특징은 '풍부함'과 '다양성'에 있다. 생태계는 최선의 배분과 자원 활용을 향해 수많은 행위자가 자신들의 행위를 조정함으로써 애덤 스미스가 제시한 시장의 조건, 즉 사회구성원 각자의 이익 추구가 사회 전체의 이익을 낳는다는 명제를 실현한다.

것을 넘어서는 '성숙함'을 포함한다. 모든 동물과 식물, 공동체도 성장기에는 양적인 확대를 위해 자원을 최대한 활용하지만, 성숙기에는 낮은 비율로 자원을 활용한다. 숲도 성숙 단계에 이르면 성장은 한계에 도달하지만, 대신 숲 공동체 유지에 일차적으로 에너지를 사용한다. 이렇게 함으로써 숲은 수백만 년 동안이나 지속가능한 역동적인 사회로 완벽하게 잘 견뎌왔다는 것이다.

생물학자 찰스 버치와 화이트헤드를 연구한 신학자 존 B. 캅의《생명의 해방-세포에서 공동체까지》에서는 지속 가능한 사회의 특징 7가지를 꼽는다. 즉, '지구 수용 능력 안에서의 인구, 재생 가능한 자원의 유지, 오염물질 방출의

완화, 화석연료 사용의 감소, 생산물품의 견고성과 재활용, 자원의 균등한 분배와 사회적 공정의 안정화, 생명과 질적 성숙과 서비스의 강조' 등이 그것이다.

지속가능발전과 ESG경영은 사회·경제·환경의 통합 성장을 지향한다. 기업이나 국가 단위에서 지속가능발전의 통합지수를 경제성장으로 연결시킬 수 있고, 이것이 지금의 생태위기를 극복할 수 있는 실질적 변화를 가져오게 할 수 있다. 지속가능하고 성숙한, 역동적 사회를 만들기 위해서는 물질적인 성장만을 반영하는 현재의 경제지표를 보다 '깊은' 지속가능 성장지표로 바꿔 성숙한 성장경제와 사회의 기준을 제시할 필요가 있다.

이를 위해서는 우선 재생 가능한 자원의 생산 능력, 재생 불가능한 자원의 보유량, 생명 시스템 유지의 복원력 등 지구 행성의 한계를 정확히 판단하는 것이 필요하다. 이를 바탕으로 경제적 관행과 사회적 조직을 통해 인구 수용 능력을 조절할 수 있기 때문이다.

프랑스 사르코지 정부는 '경제 실적과 사회 진보의 계측을 위한 위원회'에 노벨상 수상 경제학자인 조지프 스티글리츠, 아마르티아 센, 장폴 피투시를 초대해 GDP를 대신할, 지속가능하고 실용적인 새 경제지표를 만들고자 시도했다. 우리나라는 '다음세대 정책실험실' LAB2050이 최근 유사한 시도를 했다.[3]

GDP 지수는 그 간명함 때문에 1930년대에 만들어진 이래 지금까지 활용되어 왔다. 그러나 이제 기업환경이 화석연료 시대에서 재생에너지 시대로 접어들고, ESG경영이나 '이

• 2020년 다보스포럼에서 '결속력 있고 지속가능한 세계를 위한 이해관계자들 Stakeholders for a Cohesive and Sustainable World'이라는 의제로 일반화된 개념이다.

해관계자 자본주의'*와 같은 '복잡계' 경제로 들어섰기 때문에, GDP를 대체해서 전체를 보다 통합적으로 측량하는 새로운 경제성장 지표가 필요하다. ESG에서 비非재무지표들을 수량화해서 측정되는 방향으로 발전해야 한다.

오른쪽 도넛 모양 표는 행성 경계를 반영해서 지구적 성장과 지질시대에 부합한 사회경제 모델을 제시하고 있다.

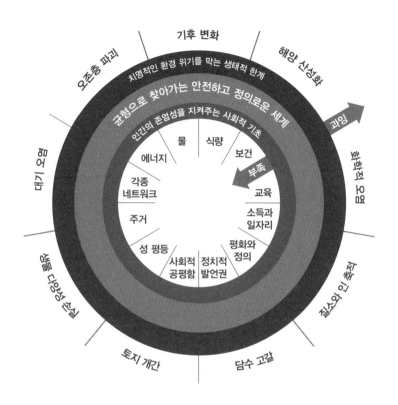

기후 변화

오존층 파괴 · 해양 산성화

치명적인 환경 위기를 막는 생태적 한계

균형으로 찾아가는 안전하고 정의로운 세계

인간의 존엄성을 지켜주는 사회적 기초

물 · 식량

에너지 · 보건

각종 네트워크 · 교육

주거 · 소득과 일자리

성 평등 · 평화와 정의

사회적 공평함 · 정치적 발언권

과잉

부족

대기 오염

화학적 오염

생물 다양성 손실

질소와 인 축적

토지 개간 · 담수 고갈

※출처 : The Interview: Kate Raworth, New Internationalist [4]

• 도넛 안쪽: 누구도 박탈당해서는 안 되는 12가지 사회적 기초 조건
• 도넛 바깥쪽: 지구의 생명 시스템을 위협하는 9가지 생태학적 한계
• 도넛 몸체: 환경적으로 안전하고 사회적으로 정의로운 세계

종으로서의 사유를 위한
새로운 윤리

"우리가 비록 인식하지 못하고 있다 해도
우리는 인간의 역사에서 행성 지구의 역사로
이행하고 있다. 사회·정치의 역사에서
행성 지구의 생물계의 역사로 이행하고 있기도 하다."

토머스 베리

5부 한 사람이 차이를 만들어낼 수 있다

생명과학자 송기원은 영화 〈인터스텔라〉의 대사 "우리는 우리 스스로를 개인이 아니라 종으로서 생각해야 한다"를 강연에서 종종 인용한다.[5] 인간이 스스로를 '종'으로 인식한다는 것은 우리가 지구의 한 지질시대에 태어나서 살다가는 유한한 존재이며, 다른 생명체들과 공존하고 있다는 점을 깨닫는 것이다. '연속성과 통합성'의 균형을 되찾아야 한다. 이런 사고를 통해 인간은 무한성장의 욕망을 품는 대신 종으로서의 한계를 받아들이고 '우주적 겸손'을 수용하는 존재가 될 수 있다.

제러미 리프킨은 《글로벌 그린 뉴딜》에서 "기후변화로부터 우리가 얻는 교훈은 우리가 하는 행동 하나하나가 이 행성에 함께 살고 있는 모든 생명체의 평화로운 삶에 영향을 미친다는 것"이라며 "인류의 존재에 직접적 영향력을 행사하는 지구의 상호 작용 권역들에 대한 인식은 우리를 '겸손'하게 만드는 경험이자 기후변화가 우리에게 주는 핵심적 교훈"이라고 지적한다.

생태위기가 전 지구적으로 확산된 지금, 우리에게는 종으로서의 사유가 절실히 필요하다. 문제는 우리가 이러한 사유에 익숙하지도 않고, 우리의 생활조건이 생명의 '연속성과 통합성' 속에서 사유하는 데 장애가 된다는 점이다.

이 시대 생명 체험은 자연과 인간 사이가 철저히 나뉘어져 있다. 자연의 가치는 효율적인 자원이라는 관점, 혹은 보존에 대한 관점에서 다루어지는 반면, 인간이 추구하는 가치는 대체로 신체 건강과 불멸과 관련된 더 좋은 삶이다.

이 두 가지 태도를 관통하는 요소는, 인간이 더 나은 삶을 누리기 위해서는 다른 모든 생명과 물질의 기여가 요구된다는 점과 인간의 더 나은 삶은 물질적인 수준이 결정한다는 점이다. 과학기술의 진보에 힘입어 현재 인간은 너무나 편리한 삶을 누리며 건강과 의식주의 질을 높여가고 있어서, 이를 어느 선에서 멈춰야 하는지, 어느 부분이 잘못된 방향으로 나아가고 있는지 지적하기는 매우 어렵다.

자연 생명이 존재하고 서식할 권리를 존중하기 위해서는 이들의 자생성에 주목해 윤리의 기초로 삼아야 한다. 자생성은 사람에게 있어서도 중요한 문제다. 그런데 현대에는 자연뿐 아니라 인간의 자생성마저도 기술을 통해 수정하고 재창조하려는 시도들이 각광을 받으며 논쟁의 대상이 되고 있다. 대표적인 것이 배아줄기세포 실험이다.

현대 기술은 유전자에 거침없이 침입해 유전자를 자르고 붙인다. 'DNA 읽기 시대에서 유전자를 편집하는 DNA 작문 시대로' 진입한 것이다. 송기원 교수의 표현에 따르면, 유전자가위 기술 개발에 투자가 몰리면서 '유전자 골드 러시Genetic gold rush'가 일어나고 있다.[6] 생명체는 DNA라는

• 2016년 미국 하버드 대학교 의과대학에서 합성생물학 분야의 세계적 대가인 과학자, 의료인과 법률가, 기업인 등 약 150명이 모여 향후 10년 내 인간 유전체 합성이 가능한지를 두고 논의했다.

소프트웨어를 갖춘 생산 설비로 간주된다. 이제 생명과학에서 인간 생명을 다루는 방식도 환원주의적이 되어버렸다.

인간을 인공적으로 만들어내고자 하는 시도는 이미 시작되었다.• 생명의 가장 큰 특징인 생식을 기획하고, 기계로 인간을 확장하는 시대가 도래했다. 〈타임〉은 '2045년이 되면 인간이 불멸할 수 있다'는 내용의 기획 기사를 커버스토리로 내놓기도 했다.

인간이 외계 환경에서도 살 수 있도록 인간에게 필요한 미생물과 생물을 외계에 적응하게 변화시키겠다는 '테라포밍terraforming 프로젝트'가 성공한다면 우주 생활도 가능할 것이라는 전망이다. 뇌-컴퓨터 접속 장치BCI를 통해 신경세포를 로봇의 신호로 바꿔주는 기술이 개발되고 있고, 1,000억 개 신경세포의 연결망을 읽기 위해 뇌의 지도를 작성하는 프로젝트도 진행되고 있다.

생명과 통합적 책임윤리

지금 우리는 기후위기를 극복하고 행성 경계를 지켜나갈 수 있는 새로운 윤리를 필요로 한다. 그러나 과학과 산업의 영역에 정착한 인간이 자연과 생명을 대하던 기존 취급 방식을 버리고 통합된 가치관으로 이행해서 새로운 구조를 만들어나간다는 것은 쉽지 않은 과제다.

생명과학은 인간과 자연 사이를 양극으로 멀어지게 하는 방향으로 나아간다. 더구나 기후위기가 심각해질수록 합성생물학에 기대 식량을 생산한다거나 새로운 에너지원을 개발하려 하는 등 기술혁신에 대한 의존도는 높아질 것이다. 이런 상황에서 우리가 지금 할 수 있는 일은 우선 각 분야에서 현재 인간과 자연 사이 분리를 심화시키고 있는 접근 방식에 대해 대중적 문제 인식을 높이고 토론할 기회를 많이 만드는 것이다.

우리가 종으로서 사유하는 데 도움을 주는 접근 방식은 '인간'보다 '생명'을 기준으로 가치관을 정립해보는 것이다. 인간과 자연은 하나의 생명 시스템에 속해 있으며 분리될 수 없다. 그런 인간과 자연을 분리함으로써 문제가 발생했다면, 이 둘을 다시 하나로 생각해보도록 노력하는 것이다. 우리에게는 하나의 지구 공동체를 위한, 총론으로서의 책임윤리가 필요하다. 무엇이든 쉽게 버리고, 더 좋은 생산품을 만들어 쓰다 또다시 쉽게 버릴 수 있는 산업문명의 생활양식은 우리에게 책임의식을 방기하게 만들었다.

우리는 과거에 노예제가 존재했고, 여성 인권이 바로 선

지 고작 100년 남짓밖에 안 된다는 사실에서부터 윤리의 확장이 역사의 영역이라는 것을 확인할 수 있다.•

윤리는 상호 의존적인 개인이나 집단이 협동의 방식을 발전시키고자 하는 데서 비롯한다. 이러한 협동 방식이 공생이다. 윤리는 개인과 사회를 넘어 세 번째 발전 단계로 진입하는데, 인간과 '토지 및 그 위에서 살아가는 동식물'과의 관계로 확장되는 것이다. 이는 진화론이 깨우쳐줬고 생태학적 필연이다. 윤리는 공동체의 지도 양식mode of guidance이다.

종의 윤리는 지구 공동체의 윤리다. 윤리의 진화는 공동체의 진화이며, 인간이 세계를 감정과 이해관계로만 받아들이는 대신 지식에 기반한 이성적 경로를 모색하고 합의해나가는 인간다운 삶의 길이기도 하다. 종의 윤리는 인류의 역할을 지구 공동체의 정복자에서 구성원이자 배려하는 관리자로 전환시킨다. 그럼으로써 인간이 자신의 동료 구성원들을 존중할 뿐 아니라 지구 공동체 자체를 존중하게 만든다.

독일 태생 유대인 철학자 한스 요나스는 과학기술이 주도하는 시대에 자연과 인간의 문제를 통합적으로 생각하면서 책임윤리의 문제를 다룬 보기 드문 선각자다. 그는 1984년에 《책임의 원칙: 기술 시대의 생태학적 윤리》라는 저서에서 현대의 윤리학적 문제를 논했다.

전통적으로 '책임'은 자신의 행위가 낳은 결과에 대한 것이었는데, 현대는 자연과 인간이 존재하는 환경이 아예 바뀌어버렸고, 윤리는 공백 상태다. 요나스는 "미래에 있을 수 있는 심상치 않은 상황의 변화, 위험이 미칠 수 있는 전 지구적 범위, 그리고 인간의 몰락 과정에 대한 징조를 통해 비로소 윤리적 원리들이 발견될 수 있다"며 이것을 '공포의 발견술'이라고 불렀다.

그는 "무엇인가가 위험에 처해 있다는 '사실'을 알고 있을 때에야 비로소 우리는 '무엇'이 위험에 처해 있는가를 아는 법"이라며 현재 인간의 생존뿐 아니라 인간상과 인간 본질의 불가침성 모두를 보호하기 위해서는 경외의 윤리학이 필요하다고 강조한다. 그는 또한 "기술 시대에 윤리학은 인과적 범위를 전례 없이 미래에까지 적용시키는 행위들과 관계가 있고 장기적 결과의 엄청난 규모와 그 환원 불가능성이 첨가된다"며 "이 모든 것들을 책임의 윤리학의 중심에 세워놓아야 한다"고 말한다.

책임의 원칙은 환경뿐 아니라 인간의 세계와 인간 본질의 불가침성을 인간 권력의 침입으로부터 지키려는 태도인데, '과학과 경제의 힘을 통해 사슬에서 풀려난 프로메

• 《우주 이야기》에 따르면 그것은 "우주, 행성 지구와 생태계, 그리고 의식 등을 '하나의 이야기'로 알고, 그 이야기 안에서 인간의 역할을 인식하는 일"이다. 또한 "인간 개인이 이 큰 의미와 형태 안에서 자신들의 적절한 역할을 완수할 수 있는 능력을 제공하는 일이 교육의 근본 목적이 되어야 한다." 이런 방법에 의해서만 생태 시대의 통합적 발전에 필요한 역사적 연속성을 보존할 수 있다. 전체의 통합성을 추구하는 과학기술 방향을 설정하기 위해 반성적이고 의식적인 학습 과정이 필요하다.

테우스가 인간에게 불행을 초래하지 않도록 자발적으로 통제해 스스로 권력을 제어하는 것'으로 비유된다. 현대의 윤리학은 두려워함 자체가 윤리학의 일차적이고 예비적인 의무가 되었다.

우리는 책임의 윤리를 갖추는 것과 더불어 교육을 통해 보다 더 희망적 미래를 만들 수 있다. 다만 무엇을 기억하고 학습해야 하는가에 대해 최소한의 합의가 필요하다. 인간의 교육은 학습을 통해 다음 세대로 문화를 전달하는 과정이다. 이런 다음 세대를 향한 교육은 지금의 과학기술과 생태 파괴 상황을 담은 새로운 인문학적 과정이 되어야 한다.*

미래 세대의 등장

"우리는 지금 두려워합니다.
다음 세대는 무시무시한 세상에 들어서고 있으며,
기본적으로 필요한 것은 두려워하지 않는 방법입니다."

토머스 베리, '모든 존재는 권리가 있다' 강연에서

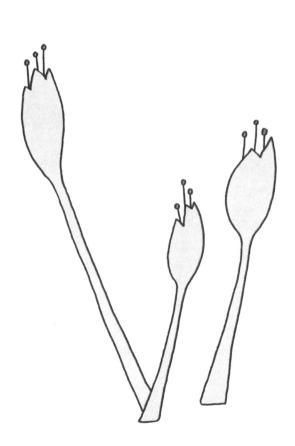

1992년 리우회의에서 캐나다의 13세 소녀 세번 스즈키가 '환경을 지키는 어린이 모임'을 대표해 연설했다. 이 어린이의 목소리는 25년 후인 2018년 전 세계 10대들의 목소리로 확산되었다. 2018년은 파리기후변화협약이 체결되고 3년이 지난 시기였지만 전 세계 이산화탄소 배출량은 계속 상승하고 있었고, UN 산하 정부간기후변화협의체IPCC에서 현재의 속도라면 2030년과 2052년 사이에 지구온난화의 마지노선인 섭씨 1.5도를 초과할 것으로 예상된다고 경고한 때였다. 2018년은 종전의 기후변화를 '기후위기'라고 부르는 것이 일반화되기 시작한 해이기도 하다. '비상사태'라는 용어도 등장했다.

시작은 2018년 8월 스웨덴의 중학생인 15세 그레타 툰베리였다. 툰베리는 262년 만의 폭염을 겪으면서 더 이상 참을 수 없다고 결심하고, 정치인들에게 기후위기에 대한 행동을 촉구하기 위해 등교를 거부한 채 의회 앞으로 가 1인 시위를 했다. 툰베리는 2주 동안 매일 의사당 앞에서 '기후를 위한 수업 거부Skolstrejk for Klimatet'라고 쓴 팻말을 들고 쪼그리고 앉았다.

툰베리가 던진 조약돌 같은 순정성에 점차 학생들이 동참하면서 이 시위는 전 세계에 '미래로 가는 금요일FFF,

Fridays for Future'이라는 이름의 거대한 물결로 번졌다. 2019년에는 150개국 이상의 수많은 도시에서 수백만 명의 학생들과 청년들이 참가한 다양한 운동으로 발전했고 2020년 2월 현재 전 세계 7,500개 도시에서 1,400만 명이 참여했다.[7]

2019년에는 우리나라 청소년기후행동도 기후위기 시위에 참여했고, 2020년 3월 소속 청소년들이 기후변화 관련 헌법소원을 청구했다. "정부의 소극적인 기후위기 대응이 생명권과 환경권 등 헌법적 기본권을 침해하고 있다"는 이유에서다. 청소년들은 스스로를 '멸종위기 종'이라 비하하며 공포를 느끼고 있다.

이렇듯 기후변화 문제에 대해 가장 적극적으로 대응해 나간 것은 다름 아닌 '미래 세대future generations'다. 미래 세대라는 말은 1972년 스톡홀름선언에서 최초로 등장했다. 1987년 UN 보고서 「우리 공동의 미래」는 "지속가능발전은 '미래 세대'의 욕구를 충족시킬 수 있는 능력을 위태롭게 하지 않는 것이어야 한다"고 정의했다.

일반화된 용어인 미래 세대나 다음 세대는 뜻이 확정적이진 않다. 미래 세대의 대척 개념이 현세대present generation인 점을 감안하면 지금 태어난 어린 세대는 현세대를 잇는 다음 세대이고, 그들이 행위의 법적 책임을 직접 지지 않는다는 점에서는 책임을 지는 현세대와 대척적인 미래 세대라고도 할 수 있다. '미래로 가는 금요일'은 위기의 시대에 미래 세대라 할 수 있는 새로운 세대가 나서서 전 세계적인 협력과 행동의 플랫폼을 만들었다는 데 큰 의미가 있다.

1980년대 이후 태어난 세대는 밀레니얼 세대, Z세대라고도 한다. 특히 1990년대 후반 이후 출생한 Z세대의 움직임에는 기성세대와 다른 특징이 있다. 이들의 행동에는 자신의 나라에만 해당되는 이슈가 아니라 인류 생존과 문명의 위협에 맞서는 종species의 각성이 담겨 있다.

이들은 태어나면서부터 디지털 문화를 접한 '디지털 네이티브' 세대로 인터넷과 SNS를 통해 글로벌한 네트워크를 형성한다. 1968년을 전후한 반反문명의 움직임 이후 50년 만에 세계는 가장 큰 위기에 직면했고, 젊은 세대가 전 인류적으로 움직이기 시작했다.

14세의 청소년 동물권 활동가 제네시스 버틀러도 "나는 아주 어렸을 때부터 각각의 동물이 고유한 개인이라는 것을 깨달았다"고 말한다.[8] 툰베리와 버틀러를 비롯한 젊은 세대가 기후위기와 멸종문제의 최전선에 서게 된 원인은 무엇일까? 민감한 생명 감수성을 가지고 있고, 또 기존의 사회 패러다임에 갇혀 있지 않은 세대라는 배경이 작용한 것으로 판단된다. 현재 전 지구적 위기에 대항하고 있는 젊은 세대가 이렇게 스스로를 지구 공동체의 모든 생명과 하나 되는 종으로 인식한다면 우리에게는 희망이 남아 있다.

기후변화 비상사태 선언

　기후변화 위기에 맞선 새로운 세대의 움직임에 대해 과학자들의 지지가 잇따랐다. 2019년 초부터 각지에서 수만 명 이상의 과학자들이 "젊은이들의 염려는 정당하며, 최고 수준의 과학에 의해 뒷받침된다"는 성명서를 발표했다.[9] 인류와 지구의 미래에 대한 보고서를 발간하는 비영리 연구기관 로마클럽The Club of Rome도 학교 파업을 지지하는 공식 성명을 발표해 전 세계 각국 정부가 이 조치에 대응하고 글로벌 탄소 배출을 줄이도록 촉구했다.•

　2019년 11월 세계과학자연합에 소속된 153개국 과학자 1만 1,000명도 "기후변화는 과학자들이 예측한 것보다 훨씬 빨리 가속화되고 있다"고 비상 선언을 했다. 이들은 "정부기관들이 기후 비상사태를 선언하고 학교 어린이들까지 항의에 나서고 있으며, 법정에서는 생태 파괴 소송이 진행되는 등 풀뿌리 시민운동이 변화를 요구하고 있고 이에 대해 많은 국가와 지방 및 도시, 산업체들이 반응을 보이는 등 최근 관심이 고조되고 있다"며, "세계과학자연합은 의사결정권자

• 2018년 5월에는 대멸종에 저항하는 멸종저항운동 네트워크가 출범해 현재 75개 국가의 1,150여 개 단체가 참여하고 있다. 2019년 4월 런던을 중심으로 대멸종 반대 그룹과 기후위기에 저항하는 그룹이 결합해 2주간 대규모 시위를 벌였다. 마침내 5월 1일 영국 의회는 '기후변화 비상사태'를 선포했다. 아일랜드에서도 비상사태 선언이 이어졌다. 산업혁명이 시작된 영국에서 300년 만에 일어난 이 정치적 사건은 상징성이 크다. 6월에는 영국 등지의 의료전문가 1,000명이 생태 비상사태에 대한 부적절한 정부 정책에 대응해 광범위한 비폭력 시민 불복종을 촉구했다.

들이 지속가능하고 공평한 미래로 전환할 수 있도록 도울 준비가 되어 있다"고 밝혔다.[10]

2021년 2월 프랑스 파리 행정법원은 네 개의 비정부기구가 프랑스 정부를 상대로 제기한 손해배상청구 소송에서 온실가스 감축 목표를 달성하지 못한 정부의 책임이 인정된다고 판단해 생태적 피해를 배상하라고 명령했다.[11] 또 프랑스 하원은 기후위기 대처를 헌법에 포함시키는 개정안을 통과시키기도 했다. 2021년 4월 독일 연방헌법재판소는 '미래를 위한 금요일' 등의 단체가 제기한 소송에서 독일 정부의 기후대응 법안이 미흡하다며 위헌 판결을 내렸다.

2018년 파리기후변화협약 이후 본격적인 위기 상황에 대응해 각국에서는 그린 뉴딜 정책을 내놓고 있다. 문제는 현재 자발적 이행에 맡겨져 있는 각국의 대응이 10년 내 이산화탄소 배출량 절반 감축이라는 목표치를 달성하기에 충분한가 하는 점이다. 현재 상황을 놓고 보면 불가능하다거나 충분하지 못하다는 지적도 있다. 또, UN IPCC는 기온 상승 추세가 매우 가파르다고 보고하고 있어서 상황은 더욱 비관적이다. 지금은 각국의 정부, 기업, 학교, 가정과 모든 민간단체, 문화영역에서 위기를 인식하고 각성하고 미래 세대와 함께 협력해서 기후위기 상황 극복을 위해 실천해야 할 때다. 지질시대의 위기를 자초한 인류는 분명 생사의 기로에 섰다.

"Dream Drives Action"

자연의 시대와 신의 시대, 그리고 인간의 시대를 넘어전 지구와 다른 종들과 함께하는 성숙의 시대를 열기 위해 우리에게는 우주적 겸손이 필요하다. 이것은 지구가 있어야 우리가 존재한다는 지구 중심의 사고를 받아들이는 자세다. 동시에 지금은 인간이 지구를 관리해야만 하는 시기이기도 해서 인간과 지구의 상호 증진이라는 관계성을 살려 나가는 균형과 조화를 요청한다.

겸손은 인간의 내적 정신적 태도를 가리키는데, 우리가 어떻게 겸손을 갖추어 나갈 수 있는지에 대한 고민이 필요하다. 무엇보다 권력지향적 사고를 버린다면 겸손으로 나아가기 위한 첫 단추가 풀릴 것이다. 권력지향적 사고는 내면의 공허로부터 나오는 것으로, 남에게 인정받고 싶다는 강력한 욕구를 이끌어낸다. 타인에게 영향력을 끼치고 싶고 타인보다 더 높은 지위에 오르고 싶다거나 더 많은 물질적 독점에 사로잡혀 있다면, 혹은 적어도 이런 문제로 갈등하고 있다면, 일단 내가 어디에서 비롯된 존재이고, 무엇이 잘못되었는지를 성찰하는 것부터 시작하는 게 좋다.

겸손은 반성적 자아가 충만한 상태다. 겸손하기 위해서는 오로지 인간만이 정신적 존재라고 생각하며 우주와 지구를 물질에 불과하다고 업신여기는 태도를 버려야 한다. 물질과 정신의 이분법을 넘어 이들에게서 내가 비롯되었고, 지구의 지질시대 안에 내가 출현해서 살고 있다는 삶의 연속성과 거대한 통합을 인식해야만 한다. 우리에게 필요한 새로운 세계관은 거시적이면서도 가치에서는 인류의 겸손을 요청한다.

지구와 모든 생명과의 연결을 깨달으면 통찰이 생긴다. 아주 사소한 사건 하나도 전 우주적 리듬 속에서 움직인다는 것을 직감한다. 우리에게는 예술가의 깊은 심미안이 필요하다. 윤동주 시인을 예로 들어보자. 그가 한 시대의 정신적 상징으로 살아 있는 것은 "잎새에 이는 바람에도 나는 괴로워했다"는, 생명과 나와 국가의 운명을 연결하는 심미적 감수성이 살아 있었기 때문이다.

체온이 39도로 2도 오른 아이를 들쳐업고 한밤중에 병원 응급실로 달려갔던 체험에서 지구온난화를 다시금 바라보게 됐다. 지구도 사람 체온과 같이 2도만 올라가도 큰 문제가 생길 것이란 통찰이 생겼다.[1]

_설치미술가 이경호

지구와사람 창립 멤버이기도 한 설치미술가 이경호는

아이의 고통에서 지구의 고통을 연상하는 은유적 사고로 약 10년 전부터 기후변화의 문제를 깨닫고 꾸준히 작업을 해왔다.

모든 영역 간의 만남과 연결과 통합은 사유의 조화와 균형에서 나온다. 특히 생명 감수성은 은유적 사고에서 나온다. 은유는 비생산적이며 비효율적이지만, 바로 지금 시대에 필요한 덕목이다. 기존의 재무구조에는 속하지 않던 '환경'이라는 요소가 이제는 ESG경영에서 주요 이슈로 통합되듯이, 우리에게는 비효율적이고 불완전하지만 존재를 연결시켜주는 사유를 복구해야 한다.

한스 요나스와 토머스 베리가 공통적으로 '공포'가 우리의 추동력이 될 수 있다고 언급하는 것도 인상 깊다. 토머스 베리는 위기에 봉착하면 그 위기를 극복할 특별한 정신적 에너지가 필요한데, 그 에너지를 구할 수 있는 원천이 바로 공포와 매혹이라고 말한다. 요나스와 베리 모두 공포에서 벗어나는 특별한 에너지는 타자에 대한 염려, 위기 상황에서 창조적으로 분출하는 심혼의 에너지, 사랑의 에너지에서 구할 수 있다고 본다.

최근 뉴스에서 화재가 난 고층 아파트에서 아이들을 차례로 던져 구해낸 어머니 이야기가 그렇다. 사랑의 힘이 불가능해 보이는 일을 가능케 한다. 이렇듯 미래로 열린 사건의 에너지는 기존에 불가능해 보이던 대안을 현실 속에서 출현시킨다.[2] 위기에 대한 대응의 힘은 상호 신뢰와 연대, 협력의 공동체로부터 나온다. 이것은 사회 결속력을 높이고 통제 비용을 줄이며 위험에 대한 예방과 대응의 효율적인 제도화를 추동한다.

프란치스코 교황은 코로나19의 상황 속에서 위기가 오히려 우리에게 변화의 필요성을 깨우쳐 주었으니, 변화를 향해 우리의 꿈을 일상적 삶에서 실천해야 할 시간이라고 충고한다. "오너라, 이 문제에 대해 허심탄회하게 이야기를 나누어보자. 대담하게 꿈을 꾸어보자!"고 하면서 그 출발점을 겸손에서 구한다.[3] 심리학자 칼 융도 "꿈이 행동을 추동한다the Dream Drives Action"고 했다.

이런 이야기들은 우리에게 희망을 준다. 문명은 꿈에서 비롯된다. 문명이 만들어질 때는 문명이 이루어지도록 몰고 가는 심리적 에너지가 작용한다. 인류의 초자연적인 에너지가 모여 당대의 문제를 극복하기 위해 또 다른 문명을 만들어왔다.[4]

미래를 비관적으로 예측하는 이들은 현재 상황에 비춰 볼 때 에너지 전환과 탈脫탄소사회로의 이행은 이미 불가능하다고 낙담하기도 한다. 에너지 전환이 우리에게 어떤 멋진 성장을 보여줄 것인지에 대한 구체적 비전도 없다. 이렇게 통상의 경로로는 위기를 헤쳐나갈 수 없을 때 새롭고 창조적인 경로가 필요한 것이다. 나는 최초의 생명이 존속 위기에 봉착했을 때 지구가 광합성이라는 새로운 길을 발명했던 그 경험이 우리에게 교훈이 될 수 있다고 생각한다. 현재 상황은 그때만큼 심각한 위기이며, 그만큼의 간절하고 담대한 상상력이 필요하다.

우리는 예전에 겪어보지 못한 지질시대를 헤쳐가기 위해 아주 커다란 꿈을 꾸어야 한다. 지구 공동체의 모든 존재가 참여하고 소통하는 세계, 자연의 순리를 따라 에너지를 사용하고 창조와 혁신이 이루어지는 세계, 전 지구적 차원에서 생각하고 대화하고 선택하고 결의해 나가는 과정이 바로 그 꿈이다. 이러한 전망이야말로 왜곡된 비전으로 인해 폐허처럼 남은 '쓰레기더미waste-world'를 '꿈의 낙원wonder-world'으로 변화시켜줄 것이다. 근대의 성장 신화에서 미래 세대와 자연이 주체로 참여하는 더 풍요로운 시대로 이동하는 새로운 패러다임은 우리가 지구에서 꿈꿀 수 있는 최선의 이상공동체에 해당한다.

시간이 더디고 지체되긴 했지만 1968년을 전후한 1970년대의 소용돌이로부터 50년이 지난 지금, 새로운 세대가 '종'으로서 사유하며 위기를 자각하고 있다. 우리 안의 자발성을 이끌어내 새로운 지구 범주의 시대를 만들어야만 한다. 이것은 우리의 꿈이며 유일한 생존의 길이다.

21세기 초에 태어난 지구법학이라는 학문영역을 해오면서 깨닫는 것은, 필요가 쌓이면 그걸 표현하기 위한 말이 태어나고, 그 말이 사람들의 생각과 섞이면서 성장하며 내용이 축적되고 펼쳐진다는 사실이다. 시작과 맥락과 전개를 체험하면서 함께 가는 경험 속에서 의미를 건져내본다.

다시 한 번 존 레논의 노래 〈이매진〉을 떠올린다. 이 곡의 가사에는 "모든 '사람'이 평화롭게 살아가는 삶을 상상해보라Imagine all the 'people' living life in peace......"라는 대목이 있다. 만일 레논이 지금 살아 있다면, 아마도 이렇게 가사를 바꾸어 노래하지 않았을까.

Imagine all the 'beings' living life in peace......
모든 '존재'가 평화롭게 살아가는 삶을 상상해보라

2012년에 《생명의 정치》를 내고 대학원을 졸업한 후 뜻이 맞는 사람 몇 명과 함께 '생명문화포럼'이라는 작은 공부 모임을 시작했다. 2015년에 이르러 지구법학회가 결성되었다. 그해 3월, 사단법인 선(법무법인 원의 공익활동법인)의 요청으로 대한변호사협회의 변호사 인정 연수 프로그램인 지구법강좌를 개설하게 되면서였다. 당시만 해도 지구법학은 한국에서 너무 낯선 주제라 기후변화와 동물권, 생태위기 관련 주제로 강좌를 개최했다.

그해 10월 5일에 지구와사람이 창립되어 11월 7일 창립 기념 콘퍼런스 '침묵하는 지구를 위하여'를 열었다. 송기원 교수와 이재돈 신부 등이 참여해 '지구의 꿈을 찾아서'라는 기조 세션과 '지구법, 시작을 말하다'라는 제목의 발표로 지구법학을 소개했다.

지구와사람 활동 초창기부터 예일대 메리 에블린 터커 박사와 교류할 수 있었던 것은 큰 행운이었다. 토머스 베리의 작업을 이어하고 있는 터커 박사는 경희대와 평창포럼 초청으로 두어 차례 내한했다. 2019년 초에는 특강을 통해 지구와사람 회원들과 교류했다. 뚜웨이밍의 제자인 왕지안바오 교수와의 교류를 열어주기도 했다.

2016년에는 당시 영국대사관 김지석 선임 기후변화에너지 담당관의 추천으로 영국을 방문할 기회가 있었다. 지구법학 창립에 힘쓴 가이아 재단 관계자를 만났고, UN HWN의 지구법학 온라인 대화에 참여할 수 있었다. 그리고 그해 지구법학회 회장을 맡고 있는 박태현 교수가 내부 세미나에서 읽은 코맥 컬리넌의 책을 《야생의 법》이라는 제목으로 국내에 번역 출간했다. 이 책은 지구법학에 대해 본격적으로 다룬 최초의 저서다.

2019년에 본격적으로 지구법학 내용을 다루기 시작했다. 나와 대학원을 같이 다닌 김영환 동물법비교연구회 대표, 박태현 강원대 로스쿨 교수, 강정혜 서울시립대 교수, 오동석 수원대 교수, 최선호, 최은순, 김성진, 정혜진, 김연화, 김영준 변호사 등이 초창기 멤버였다.

2019년 지구법학회는 프리초프 카프라와 우고 마테이의 공저 《최후의 전환》을 번역 출판했다. '공유commons'라는 개념을 비중 있게 다루었는데, 과학과 법의 만남이라는 점에서 중요한 진전을 이룬 책이다. 과학과 법의 만남으로 시작된 근대체계는 소유권과 국가 주권을 주요 구성 원리로 했지만, 사유권이 지나치게 비대해지면서 환경파괴를 초래했다. 환경은 공유의 관점에서 다뤄져야 한다. 근대의 이분법적 법은 새로운 과학과 생태학에 기초해서 관계성이 강조된 생태적 법질서로 전환되어야 한다. 이렇게 법질서의 재구축을 강조하는 까닭은, 법질서를 통해 세계관이 사회적 행동으로 전환되기 때문이다.

2020년에는 지구법학회 회원들이 서울대학교출판부에서 《지구를 위한 법학》을 출간했다. 이 책은 지구법학을 소개하는 기초 교양서에 해당한다. 이 책을 출간한 이후 현재 지구법학회는 전환의 시점을 맞고 있다. 처음에는 알음알음 인간관계를 통해서 멤버들이 모였다면, 이제는 지구법학이라는 주제에 본격적인 관심을 가진 사람들이 모이고 있다. 지난 5년이 지구법학을 이해하기 위해 기본서를 읽고 기초 지식을 습득하는 시기였다면, 이제는 구체적인 각론이 펼쳐져야 할 시기다.

감사의 말

2019년 여름 어느 날, 경기대 김택환 교수의 소개로 김영사 김윤경 편집장과 시청 앞 이탈리안 식당에서 만나 셋이서 점심을 먹었다. 그날 그렇게 파스타를 나눠 먹는 시간이 없었더라면 이 책은 세상에 나오기 어려웠다.

나는 《생명의 정치》를 낸 후 변호사로 일하면서도 단체를 꾸리고 공부를 계속해왔다. 상당히 바빴기 때문에 글쓰기는 거의 손 놓고 살았다. 책을 다시 낼 생각은 아예 없었다. 지구와사람이 5주년을 맞은 2020년 봄경 김 편집장이 지구와사람에서 다루는 지구법학과 생명 이야기를 책으로 만들자고 제안한 것이 결정적인 계기가 되어 이 책이 나올 수 있었다. 5주년 기념이 될 것 같아서 솔깃했고, 김영사와 지구와사람 사무실이 슬슬 걸어 닿을 수 있는 거리로 이웃하고 있었기에 자주 만나며 집필에 대해 편하게 생각할 수 있게 된 것 같다.

약속은 해놓았지만 시간을 내기는 어렵고 글은 안 써져서 마음의 부담만 쌓여 갔다. 연말연시를 활용해 어찌어찌 원고 약속은 지켰지만 거친 상태의 원고에 친절한 자문을 받아가면서 수정 작업을 이어나갔다. 끝까지 좋은 자문과 멋진 편집을 맡아 그나마 완성된 책으로 만들어주신 고세규 사장님 이하 김영사 가족 여러분 모두에게 깊이 감사드린다.

생태대 문명과 지구법학 이론 공부는 수익이 나는 것도 아니고, 체감할 만한 성과와 효율성을 내는 것도 아니어서 정말 막연히 이어나가는 수밖에 없었다. 그럼에도 불구하고 지난 시간 함께해준 지구와사람의 동료들 모두에게 깊이 감사드린다. 함께할 기회가 없었더라면 책을 쓸 만큼 생각이 영글지 못했을 것이다. 그들과 함께 나의 뒤늦은 성장기를 보냈다.

한 사람 한 사람 이름을 부르며 인사하고 싶지만, 상임대표 김왕배 연세대 교수님, 그리고 자기 사업을 하기도 바쁜데 아무 대가 없이 시간을 내어 지구와사람 살림을 도맡아온 양지용 인디엔피 대표님께 '대표로' 깊은 감사 인사를 전하고 싶다. 《생명의 정치》를 출간해주고 지구와사람을 함께 창립한 김수영 전 한국출판문화산업진흥원 원장님, 안병진 경희대 교수님, 최은순 변호사님께도 '대표로' 깊은 감사 인사를 전한다. 토머스 베리의 큰 사상에 눈을 뜨게 하고, 세상에 닻을 내리도록 항상 이끌어주시는 스승 이재돈 신부님, 그리고 지구와사람 활동을 해오면서 만나고 인연을 맺고 함께 작업하고 도와주신 모든 분께 스승이 되어주어 감사하다는 인사를 드린다.

누구보다도 지난 시간 든든한 버팀목이 되어주고 앞으로도 그러리라고(!) 믿어 의심치 않는 법무법인 원의 윤기원 대표와 이유정 변호사를 비롯한 모든 변호사, 그리고 김순지 대리를 비롯한 모든 직원들에게도 감사드린다.

내가 지금 이렇게 살아 있으니, 이렇게 살게 해준 모든 인연, 모든 친구에게도 이 자리를 빌려 감사드리며 앞으로 실망시키는 일이 없도록(!) 열심히 살아야겠다고 다짐해본다. 독자 여러분 모두 행복하시기를 빌며, 이 작은 책이 소소한 변화의 씨앗이 되기를 바라본다.

프롤로그

1 한나 아렌트, 《과거와 미래 사이》, 서유경 옮김, 푸른숲, 2005의 7장에 수록되어 있다.

2 「종교인을 우주론과 생태학의 땅으로 인도한 새로운 모세」, 〈중앙선데이〉, 2010년 10월 24일 자에서 재인용.

3 강금실, 《생명의 정치》, 로도스, 2012.

4 지구와사람 2020년 창립 5주년 콘퍼런스 '생명과 공동체의 미래'의 발제문(김양희, 〈생태여성주의 움직임과 토머스 베리 사상의 만남〉, 윤정숙, 〈한국 에코페미니즘 운동의 흐름〉) 참고. http://www.peopleforearth.kr/load.asp?sub_p=board/board&b_code=12&page=1&f_cate=&idx=418&board_md=view#bbs_top

1부 변해버린 세계

1 「록스트룀 "지구 한계 넘는 환경파괴…또 다른 팬데믹 부른다"」, 〈매일경제〉, 2021년 2월 1일 자.

2 「제러미 리프킨 "코로나는 기후변화가 낳은 팬데믹…함께 해결 안 하면 같이 무너져"」, 〈경향신문〉, 2020년 5월 14일 자.

3 Wayne Gabardi, *The Next Social Contract: Animals, The Anthropocene, and Biopolitics* (Philadelphia: Temple University Press, 2017)

4 https://anthropocenestudies.com/2019/05/24/awg-anthropocene-working-group/

5 호주 국립대학교의 윌 스테픈이 2005년 국제지리권생물권프로그램에 참여해 '거대한 가속' 개념을 포함한 종합적인 보고서를 출간했다. 이 보고서에 거대한 가속 그래프가 실린다. https://culture-policy-review.tistory.com/51.

6 「'홀로세' 가고 '인류세' 올까」, 〈사이언스 타임스〉, 2019년 5월 27일 자.

7 Allysyn Kiplinger, Groping Our Way Toward A New Geologic Era: A study of the Word Ecozoic, 2010. 지구의 역사를 가리키는 'Deep time'이라는 용어는 18세기 후반에 처음 나타났고, 1981년 존 맥

피 John McPhee가 그의 저서 *Basin and Range*에서 소개했다. https://
ecozoictimes.com/what-is-the-ecozoic/what-does-ecozoic-mean/

8 「"속도 더 빨라진 6번째 대멸종…육지 척추동물 515종 멸종 직면"」, 〈동
아 사이언스〉, 2020년 6월 20일 자.

2부 생명을 찾아서

1 지구와사람 2020년 창립 5주년 콘퍼런스 '생명과 공동체의 미래'의
발제문(이경민, 〈생명과 의식: 학습과 기억을 통한 자가 조직화〉) 참고. http://
www.peopleforearth.kr/load.asp?sub_p=board/board&b_
code=12&page=1&f_cate=&idx=418&board_md=view#bbs_top

2 「'修身齊家治國平天下'가 경제의 시작」, 〈한국경제신문〉, 2012년 10월
29일 자.

3 잉그리트 길혀-홀타이, 《68운동》, 정대성 옮김, 들녘, 2006, 6쪽.

4 "1960년대 히피 문화는 1980년대를 지나며 컴퓨터 세상으로 들어가면
서 많은 사람들에게 '인터넷은 개인들의 자유와 저항의 땅'이라는 인식
을 남겨요. 마크 안데르센, 스티브 잡스에 이어 최근의 팀닛 게브루 사
태, 에픽 게임즈 사태, 구글 페이스북에 대한 반독점 소송, 일런 머스크
의 팀 쿡에 대한 발언 등을 보면 모두 그러한 반체제적 개인중심주의 문
화의 흔적을 볼 수 있어요. 이처럼 개인은 무엇이든 될 수 있다는 반항
과 창조의 정신은 오늘날 실리콘밸리 밑바닥에 흐르고 있는 정서라고
생각이 돼요. 그래서 스타트업 중심의 혁신이 커져가고 있는 거겠죠."
〈MIRACLE LETTER〉, 매경미디어센터, 2020년 12월 23일 자.

5 2015년 이탈리아 법학자 우고 마테이와의 공저 《최후의 전환》에서 기계
론적 세계관에 입각한 법 체계를 비판하기도 했다.

6 사이버네틱스 연구의 형성 과정에 대해서는 지구와사람 2016년 정
기포럼 '오늘의 인간 미래의 지구' 가운데 김홍기의 발표, 〈인공지능
의 진실 게임〉 참고. http://www.peopleforearth.kr/load.asp?sub_
p=board/board&b_code=12&page=3&f_cate=&idx=121&board_
md=view#bbs_top

7 테야르 드 샤르댕도 《인간현상》에서 "베르나디스키는 정신권이라는 개
념을 발달시켰다. 그에게 오메가 포인트는 우주가 그곳을 향해서 진화
해 가는 최고 수준의 복잡성과 의식이다"라고 말했다.

8 "우주는 생명을 출현시킨 유일한 원천이며, 인간은 우주 전체와 연결돼

있다. 인간은 우연의 산물이 아니라 우주의 전체 진화가 반영된 신비로운 존재이며 인간은 우주에 반영돼 있다." 바츨라프 하벨, 폴 윌슨, 《불가능의 예술》, 이택광 옮김, 경희대학교출판문화원, 2016, 170쪽. 1994, 1997. 이하 하벨의 발언 내용은 이 책에서 참고했다.

9 https://digitallibrary.un.org/record/39295의 https://undocs.org/A/RES/37/7

10 정혜진, 〈지구법학과 유엔 그리고 국제시민사회〉, 《지구를 위한 법학》, 서울대학교 출판문화원, 2021, 126쪽.

3부 침묵하는 지구를 위하여

1 토머스 베리, 《지구의 꿈》, 맹영선 옮김, 대화문화아카데미, 2013의 '10장 새로운 이야기'.

2 https://www.eurekalert.org/pub_releases/1997-10/AAft-EOEC-291097.php

3 배리 카머너, 《원은 닫혀야 한다》, 고동욱 옮김, 이음, 2014, 16~17쪽, 25쪽, 286쪽 참고.

4 브라이언 토머스 스웜, 메리 에블린 터커, 《우주 속으로 걷다》, 조상호 옮김, 이태형 감수, 내인생의책, 2013. 이 프로젝트는 출판에 이어 영화로도 제작되어, 2012년 샌프란시스코/북캘리포니아 지역 에미상을 수상하기도 했다. https://www.journeyoftheuniverse.org/ 참고.

5 《우주 이야기》는 존재의 원리를 '다양성(분화)' '주체성' '친교(상호 연결)'로 본다. '분화differentiation'는 우주에 있는 모든 것이 서로 달라서 독특하게 구별된다는 것이다. 서로 완전히 같은 것은 아무것도 없다. '각각의 개체identities of each 혹은 주체성subjectivity'은 모든 실재를 형성하는 신비롭고 내면적인 구성 요소다. '상호 연결 혹은 친교bond/reciprocity'는 각자가 자신의 독특한 주체성과 차이를 잘 알면서 생물이나 무생물과 관계를 맺는 능력이다. 이 세 가지 차원이 합쳐져 우주의 창조성을 위한 바탕을 형성한다. 토머스 베리는 이 세 가지 원리가 인간의 우주적 생태적 사회적 개인적 차원이 담겨 있는 종합적 상황을 제공한다고 생각했다.

6 「"속도 더 빨라진 6번째 대멸종…육지 척추동물 515종 멸종 직면"」, 〈동아 사이언스〉, 2020년 6월 20일 자.

7 https://ecozoictimes.com/what-is-the-ecozoic/what-does-ecozoic-mean/

8 앞의 글.

9 앞의 글.

10 https://ecozoictimes.com/what-is-the-ecozoic/what-does-ecozoic-mean/

11 한국교원대 지리교육과 이민부 교수의 글도 참조. http://geo.knue.ac.kr/stdata.brd/_167.172.187f07f9/?shell=

12 https://ecozoictimes.com/what-is-the-ecozoic/what-does-ecozoic-mean/

13 토머스 베리, 《지구의 꿈》, 맹영선 옮김, 대화문화아카데미, 2013, 247쪽 이하 '생태 지역: 지구에서의 새로운 서식 환경' 참고.

14 강정혜, 〈지구법학과 경제법〉, 《지구를 위한 법학》, 서울대학교 출판문화원, 2021, 224쪽.

4부 하늘과 바람, 나무와 강의 권리

1 메리 에블린 터커와 존 그림이 〈코스모스 저널〉에 발표한 「토머스 베리와 자연의 권리」 중에서. https://www.kosmosjournal.org/kj_article/thomas-berry-and-the-rights-of-nature/ , https://www.humansandnature.org/evoking-the-great-work

2 안경환, 《윌리엄 더글러스 평전》, 라이프맵, 2016, 233쪽.

3 박태현, 〈지구법학의 사상적 기원〉, 《지구를 위한 법학》, 서울대학교 출판문화원, 2021, 32~34쪽. 다만 스톤이 주장한 자연의 권리는 인권과 같은 실체적인 법적 권리를 자연에게 부여하자는 것은 아니었고, 자연물을 당사자로서 법정에 세우자는 것이었다. 이동준, 「자연의 권리소송, 그 과제와 전망」, 〈부산법조〉 제27호(2010) 145쪽 참조.

4 정혜진, 〈지구법학과 유엔 그리고 국제시민사회〉, 《지구를 위한 법학》, 서울대학교 출판문화원, 2021, 123~124쪽.

5 토머스 베리, 《황혼의 사색》, 박만 옮김, 한국기독교연구소, 2015, 167쪽과 부록 2 참조.

6 지구법학에 관한 논문 '지구의 생존을 위한 법적 조건들'과 '법률 개정을 위한 10가지 원리'는 《황혼의 사색》에 수록되어 있다. http://thomasberry.org/publications-and-media/every-being-has-rights

7 코맥 컬리넌, 《야생의 법》, 박태현 옮김, 로도스, 2016, 166쪽에서 재인용. 토머스 베리가 2001년 에일리 콘퍼런스에서 한 발언이다.

8 https://www.humansandnature.org/evoking-the-great-work

9 요한 록스트룀·마티아스 클룸,《지구 한계의 경계에서》, 김홍옥 옮김, 에코리브르, 2017 참조.

10 제러미 리프킨,《글로벌 그린 뉴딜》, 안진환 옮김, 민음사, 2020, 236쪽.

11 Haroon Siddique, 'Legal experts worldwide draw up 'historic' definitionof ecocide', *The Guaradian*, 22 June 2021.

12 지구법학의 관점에서 본 헌법적 차원의 논의 내용은 오동석, 〈지구법학과 헌법〉,《지구를 위한 법학》, 서울대학교 출판문화원, 2021 참조.

13 조지 마시,《인간과 자연》, 홍금수 옮김, 한길사, 2008, 53쪽. 조지 마시의 《인간과 자연》을 편집한 데이비드 로웬탈은 '인간은 자연의 균형을 뒤집 어 자기 자신을 해치고 있다'는 것이 이 책이 기본 주제라고 말한다.

14 강정혜, 〈지구법학과 경제법〉,《지구를 위한 법학》, 서울대학교 출판문 화원, 2021, 214쪽.

15 데이비드 보이드,《자연의 권리》, 이지원 옮김, 교유서가, 2020, 37쪽.

16 Susana Borràs, 'New Transitions from Human Rights to the Environment to the Rights of Nature', Transnational Environmental Law, 5:1 (2016), pp. 113~143, Cambridge University Press, 114, 129.

17 앞의 글, 143쪽.

18 박태현, 〈지구법학과 자연의 권리〉,《지구를 위한 법학》, 서울대학교 출 판문화원, 2021, 83쪽. https://therightsofnature.org/timeline/

19 https://www.therightsofnature.org/iucn-adoption-of-2020-universal-declaration-of-the-rights-of-nature/

20 https://www.tandfonline.com/doi/full/10.1080/02508060.2019.1643 525

21 https://www.nationalgeographic.com/culture/graphics/maori-river-in-new-zealand-is-a-legal-person

22 최선호 '자연의 권리소송에 관한 비교법적 고찰-천성산 도롱뇽 사건을 중심으로', 2013년 11월, 제1회 가톨릭대학교 생명대학원 학술세미나. 이 사건의 항소심은 자연의 권리보호를 위해 필요하다면 미국과 같이 객관소송에 가까운 시민소송제도를 입법적으로 도입하는 것이 바람직 하는 부연설명을 했다.

23 대한민국 헌법 개정 발의안은 https://moleg.tistory.com/4311에서 확 인할 수 있다.

24 https://science.sciencemag.org/content/363/6434/1392/tab-pdf

25 https://www.eesc.europa.eu/en/our-work/publications-other-work/publications/towards-eu-charter-fundamental-rights-nature

26 https://www.europarl.europa.eu/thinktank/en/document.html?reference=IPOL_STU(2021)689328

27 이계수, 「한국 환경법의 역사와 과제」, 〈민주법학 제51호〉, 2013년 3월 1일.

28 Fr. Jai-Don Lee, 'The Environmental Movement in Korea and the Role of Religions', Green Transition Toward Ecological Civilization: A Korea-US Dialogue, 2017.

29 2017년 정건화 교수와 한윤정 전환연구자의 추천으로 클레어몬트 에코시브 콘퍼런스에 참가한 것이 계기가 되었다.

30 2019년 춘천 포럼과 2020년 철원포럼, 그 외 평창평화포럼 등지에서 계속적으로 DMZ의 권리적 접근과 바이오크라시에 대한 발표와 연구를 진행했다. 자세한 사항은 지구와사람의 콘퍼런스와 대외협력란 참조. http://www.peopleforearth.kr/

31 안병진·박태현, 'Alternative & Integral Pathway to Peace-접경지역의 평화·생태·발전 넥서스 국제 연구 프로젝트 프로포절' 2020년 2월

32 오동석, 〈지구법학과 헌법〉, 《지구를 위한 법학》, 서울대학교 출판문화원, 2021, 190쪽. "지구평화주의는 지구 자연의 권리와 지구 자체의 평화를 그 무엇보다 우선해서 지향한다. 지구에서 벌어지는 자연생태 파괴 그리고 그에 따른 인간을 비롯한 모든 생명의 파괴를 중지하도록 하는 것이 지구평화주의의 시급한 과제다." 토머스 베리, 《지구의 꿈》, 맹영선 옮김, 대화문화아카데미, 2013, 322쪽 이하 '평화의 우주론' 참고.

5부 한 사람이 차이를 만들어낼 수 있다

1 정혜진, 〈지구법학과 유엔 그리고 국제시민사회〉, 《지구를 위한 법학》, 서울대학교 출판문화원, 2021, 120~122쪽.

2 지구와사람 2015년 창립기념 콘퍼런스 '침묵하는 지구를 위하여'의 1부 '대화, 지구의 꿈을 찾아서' http://www.peopleforearth.kr/load.asp?sub_p=board/board&b_code=12&page=3&f_cate=&idx=62&board_md=view#bbs_top

3 이승주·최영준·이원재·고동현 (공동연구진: 구교준·김지원·이승준·조주령), 「GDP를 넘어: 불안정성과 불확실성의 시대, 진정한 가치를 찾

아서」(LAB2050 보고서 인사이트2050 - 06). https://medium.com/lab2050/insight20500600-f1a0ae9d8e29

4 https://digital.newint.com.au/issues/144/articles/4059?utm_source=rQW0RGC8ueNr9U_hszQnjw

5 지구와사람 2016년 창립 1주년 콘퍼런스 '오늘의 인간, 미래의 지구' 중 송기원 연세대 생화학과 교수의 강연 '생명과학기술로 인류는 어떤 미래를 욕망하는가' 참고. http://www.peopleforearth.kr/load.asp?sub_p=board/board&b_code=12&page=3&f_cate=&idx=121&board_md=view#bbs_top

6 「DNA 읽기 시대에서 DNA 작문 시대로」, 〈사이언스온〉, 2010년 2월 9일 자.

7 https://fridaysforfuture.org/ FFF 파업에 참여한 각 나라 현황을 살펴보려면 https://en.wikipedia.org/wiki/School_strike_for_climate 오른쪽의 지도 참조.

8 「제2의 툰베리? 청소년 동물권 활동가 제네시스 버틀러」, 〈한겨레〉, 2020년 2월 17일 자.

9 https://www.nature.com/articles/d41586-019-00861-z

10 「과학자 1만 명, 기후변화 비상선언」, 〈사이언스 타임스〉, 2019년 11월 6일 자.

11 「역사로 남을 1유로 승소…프랑스 법원 "온실가스 감축 못한 정부 책임 인정"」, 〈한겨레〉, 2021년 2월 4일 자.

에필로그

1 「설치미술가 이경호 "기후 위기는 이제 일상의 영역"…'노아의 방주' 만든 이유」, 〈이데일리〉, 2020년 12월 8일 자.

2 안병진, 2019 생태대를 위한 PLZ포럼, 취지문

3 프란치스코 · 오스틴 아이버레이, 《렛 어스 드림》, 강주헌 옮김, 21세기북스, 2020. 28쪽.

4 지구와사람 2015년 창립기념 콘퍼런스 '침묵하는 지구를 위하여'의 1부 '대화, 지구의 꿈을 찾아서' http://www.peopleforearth.kr/load.asp?sub_p=board/board&b_code=12&page=3&f_cate=&idx=62&board_md=view#bbs_top

강금실 외, 《지구를 위한 법학》, 서울대학교출판문화원, 2020.

군터 파울리Gunter Pauli, 《블루이코노미The Blue Economy》, 이은주, 최무길 옮김, 가교출판, 2010.

그레고리 베이트슨Gregory Bateson, 《정신과 자연Mind and Nature》, 박지동 옮김, 까치, 1990.

김종철, 《근대문명에서 생태문명으로》, 녹색평론사, 2019.

김종철, 《시적 인간과 생태적 인간》, 삼인, 1999.

대니얼 예긴Daniel Yergin, 《2030 에너지전쟁The Quest》, 이경남 옮김, 올, 2013.

데이비드 로텐버그David Rothenberg, 《생각하는 것이 왜 고통스러운가요?Is It Painful to Think?》, 박준식 옮김, 낮은산, 2011.

동광벽董光璧, 《도가를 찾아가는 과학자들當代新道家》, 이석명 옮김, 예문서원, 1994.

레이첼 카슨Rachel Carson, 《침묵의 봄Silent Spring》, 김은령 옮김, 홍욱희 감수, 에코리브르, 2011(2002).

로버트 체임버스Robert Chambers, 《창조의 자연사가 남긴 유적Vestiges of the Natural History of Creation》(Chicago: University of Chicago Press, 1994)[국내 미출간].

마크 라이너스Mark Lynas, 《6도의 악몽Six Degrees》, 이한중 옮김, 세종서적, 2008.

배리 카머너Barry Commoner, 《원은 닫혀야 한다The Closing Circle》, 고동욱 옮김, 이음, 2014.

블라디미르 베르나드스키Vladimir Vernadsky, 《생물권The Biosphere》(New York: Copernicus, 1998)[국내 미출간].

빌 드발Bill Devall · 조지 세션즈George Sessions, 《깊은 생태학Deep Ecology》, (Utah: Gibbs Smith Publisher, 2007)[국내 미출간].

수전 스콧 Susan Scott · 크리스토퍼 던컨Christopher Duncan, 《흑사병의 귀환Return of the Black Death》, 황정연 옮김, 황소자리, 2005.

알도 레오폴드Aldo Leopold, 《모래 군의 열두 달A Sand County Almanac, and Sketches Here and There》, 송명규 옮김, 따님, 2000.

알렉산더 폰 훔볼트Alexander von Humboldt, 《코스모스Cosmos》(Baltimore: The

Johns Hopkins University Press, 1997)[국내 미출간].

얼 C. 엘리스Erle C. Ellis,《인류세Anthropocene》, 김용진, 박범순 옮김, 교유서가, 2021.

에곤 프리델Egon Friedell,《근대문화사1Kulturgeschichte der Neuzeit》, 변상출 옮김, 한국문화사, 2015.

에드워드 윌슨Edward O. Wilson,《인간 본성에 대하여On Human Nature》, 이한음 옮김, 사이언스북스, 2011(2000).

에릭 체이슨Eric Chaisson,《진화의 서사Epic of Evolution》(New York: Columbia University Press, 2007)[국내 미출간].

엘리자베스 콜버트Elizabeth Kolbert,《여섯 번째 대멸종The Sixth Extinction: An Unnatural History》, 이혜리 옮김, 처음북스, 2014.

요한 록스트룀Johan Rockström · 마티아스 클룸Mattias Klum,《지구 한계의 경계에서Big World, Small Planet》, 김홍옥 옮김, 에코리브르, 2017.

움베르토 마투라나Humberto R. Maturana · 프란시스코 바렐라Francisco J. Varela,《앎의 나무Der Baum der Enkenntnis》, 최호영 옮김, 갈무리, 2007.

잉그리트 길혀-홀타이Ingrid Gilcher-Holtey,《68운동Die 68er Bewegung》, 정대성 옮김, 들녘, 2006.

잔 스머츠Jan C. Smuts,《전체론과 진화Holism & Evolution》(London: Macmillan & Co. 1926)[국내 미출간].

잠바티스타 비코Giambattista Vico,《새로운 학문Scienza Nuova》, 조한욱 옮김, 아카넷, 2019.

제러미 리프킨Jeremy Rifkin,《3차 산업혁명The Third Industrial Revolution》, 안진환 옮김, 민음사, 2012.

제러미 리프킨Jeremy Rifkin,《글로벌 그린 뉴딜The Green New Deal》, 안진환 옮김, 민음사, 2020.

제이컵 브로노우스키Jacob Bronowski,《인간 등정의 발자취The Ascent of Man》, 김현숙 · 송상용 옮김, 바다출판사, 2009.

제임스 러브록James. E. Lovelock,《가이아GAIA: A New Look at Life on Earth》, 홍욱희 옮김, 갈무리, 2004.

조애너 메이시Joanna Macy,《불교와 일반 시스템이론Mutual Causality in Buddhism and General System Theory》, 이중표 옮김, 불교시대사, 2004.

조지 마시George Marsh,《인간과 자연Man and Nature》, 홍금수 옮김, 한길사, 2008.

조지프 스티글리츠Joseph E. Stiglitz·아마르티아 센Amartya Sen·장폴 피투시Jean-Paul Fitoussi, 《GDP는 틀렸다Mismeasuring Our Lives》, 박형준 옮김, 동녘, 2011.

존 스튜어트John E. Stewart, 《진화의 화살Evolution's Arrow》(Canberra: The Chapman Press, 2000)[국내 미출간].

찰스 버치L. Charles Birch·존 B. 캅John B. Cobb, 《생명의 해방The Liberation of Life》, 양재섭, 구미정 옮김, 나남출판, 2010.

칼 세이건Carl Sagan, 《창백한 푸른 점The Pale Blue Dot》, 현정준 옮김, 사이언스북스, 2001.

캐럴린 머천트Carolyn Merchant, 《자연의 죽음The Death of Nature》, 전규찬, 이윤숙, 전우경 옮김, 미토, 2005.

코맥 컬리넌Cormac Cullinan, 《야생의 법Wild Law》, 박태현 옮김, 로도스, 2016.

크리스티안 생장폴랭Christiane Saint-Jean-Paulin, 《히피와 반문화Le Contre-culture》, 성기완 옮김, 문학과지성사, 2015.

테야르 드 샤르댕Pierre Teilhard de Chardin, 《인간현상Le Phénomène Humain》, 양명수 옮김, 한길사, 1997.

토머스 베리Thomas Berry, 《지구의 꿈The Dream of the Earth》, 맹영선 옮김, 대화문화아카데미, 2013.

토머스 베리Thomas Berry, 《토마스 베리의 위대한 과업The Great Work》, 이영숙 옮김, 대화문화아카데미, 2009.

토머스 베리Thomas Berry, 《황혼의 사색Evening Thoughts: Reflecting on Earth as Sacred Community》, 박만 옮김, 한국기독교연구소, 2015.

토머스 베리Thomas Berry, 브라이언 스웜Brian Swimme, 《우주 이야기The Universe Story》, 맹영선 옮김, 대화문화아카데미, 2010.

프란치스코 교황Pope Francis·오스틴 아이버레이Austen Ivereigh, 《렛 어스 드림Let Us Dream》강주헌 옮김, 21세기북스, 2020.

프리초프 카프라Fritjof Capra, 《생명의 그물The Web of Life》, 김동광, 김용정 옮김, 범양사, 1999.

프리초프 카프라Fritjof Capra, 《탁월한 지혜Uncommon Wisdom》, 홍동선 옮김, 범양사, 1989.

프리초프 카프라Fritjof Capra, 《히든 커넥션The Hidden Connections》, 강주헌 옮김, 휘슬러, 2003.

프리초프 카프라Fritjof Capra, 우고 마테이Ugo Mattei, 《최후의 전환The Ecology

of Law》, 박태현, 김영준 옮김, 경희대학교출판문화원, 2019.

프리초프 카프라Fritjof Capra · 피에르 루이기Pier Luigi, 《생명의 시스템적 관점The Systems View of Life》(Cambridge: Cambridge University Press, 2016)[국내 미출간].

한나 아렌트Hannah Arendt, 《과거와 미래 사이에서Between Past and Future》, 서유경 옮김, 푸른숲, 2005.

한나 아렌트Hannah Arendt, 《예루살렘의 아이히만Eichmann in Jerusalem》, 김선욱 옮김, 한길사, 2006.

한스 요나스Hans Jonas, 《책임의 원칙Das Prinzip Verantwortung》, 이진우 옮김, 서광사, 1994.